D1691687

Die Losungen

für junge Leute

2023

HERAUSGEGEBEN VON DER
EVANGELISCHEN BRÜDER-UNITÄT
IM FRIEDRICH REINHARDT VERLAG, LÖRRACH/BASEL

Kontakt zu uns

Hast du Fragen zu den Losungen?
Oder hast du einen Fehler entdeckt?
Möchtest du auch einen Text oder ein Gebet
für die nächste Ausgabe im Jahr 2024 schreiben?

Dann schreib uns eine E-Mail:
jungeleute@jugendlosungen.de

Evangelische Brüder-Unität
Zittauer Straße 20
02747 Herrnhut
Telefon +49 (0)35873 487 – 0

Evangelische Brüder-Unität
Badwasen 6
73087 Bad Boll
Telefon +49 (0)7164 9 421 – 0

Impressum: Das Losungsmanuskript wird zusammengestellt und textlich verantwortet von der Direktion der Brüder-Unität in Herrnhut und Bad Boll. Das Werk einschließlich all seiner Teile ist urheberrechtlich geschützt. Jede Verwertung außerhalb der engen Grenzen des Urheberrechtsgesetzes ist ohne Zustimmung des Verlags unzulässig. Dies gilt insbesondere für Vervielfältigungen, Übersetzungen, Mikroverfilmungen und die Einspeicherung und Verarbeitung in elektronischen Systemen. **Herausgegeben** von der Evangelischen Brüder-Unität im Friedrich Reinhardt Verlag, Lörrach/Basel **Gestaltung:** Franziska Scheibler, Siri Dettwiler **Druck und Bindung:** CPI – Ebner & Spiegel, Ulm. Printed in Germany © 2022 Friedrich Reinhardt Verlag, Lörrach/Basel | ISBN 978-3-7245-2532-5 Alle Rechte vorbehalten

Meine *Losungen*

Dieser Losungskalender gehört

Vorname:

Name:

Straße, Nr.:

PLZ, Ort:

Land:

Telefon:

E-Mail:

Meine Geburtstagslosung 2023

Geburtstag:

Die Losung für diesen Tag:

2023

Jahreslosung

Du bist ein Gott, der mich sieht.

1. MOSE 16,13

Zur Jahreslosung

Ja, so ist Gott, er sieht dich und mich, jeden und jede. Nicht nur so von Weitem, nicht von oben herab.

Dabei ging es der jungen Frau in der Geschichte aus dem Mosebuch gerade gar nicht gut. Ob ihr auch schon mal so etwas erlebt habt: Eine Zeit lang im Mittelpunkt gestanden zu haben und dann plötzlich nicht mehr gebraucht zu werden? Den entscheidenden Leuten womöglich ein Dorn im Auge zu sein oder sogar weggejagt zu werden? Das kann sich wie Wüste anfühlen: staubig, leer, aussichtslos.

Wir alle kennen solche Situationen. Für diese Wüstenzeiten, aber auch für den normalen Alltag und die rauschenden Feste im Jahr 2023 ist das, was Hagar erstaunt und glücklich entdeckt, eine gute Jahreslosung: Ja, Gott sieht uns.

Und Gott spricht zu uns, macht uns Hoffnung wie damals Hagar. Die Jugendlosungen erinnern uns daran, jeden Tag.

EVANGELISCHE BRÜDER-UNITÄT – HERRNHUTER BRÜDERGEMEINE

DAS LAMM & DIE LOSUNGEN

HALLO, ICH BIN DAS LAMM DER HERRNHUTER BRÜDERGEMEINE.

ALS LAMM BIN ICH EIN SYMBOL FÜR JESUS, DER FRIEDLICH LEBTE...

SELIG SIND DIE, DIE FRIEDEN STIFTEN!

...UND STARB, WIE EIN LAMM, DAS GETÖTET WIRD.

DIE HERRNHUTER BRÜDERGEMEINE HAT MICH ALS LOGO GEWÄHLT, WEIL SIE EINE KIRCHE IST, IN DER JESUS DIE HAUPTROLLE SPIELEN SOLL. ICH BIN ALSO ÜBERALL MIT DABEI.

SCHON FRÜHER SIND FRAUEN UND MÄNNER IN DIE WEITE WELT GEZOGEN, UM ANDEREN MENSCHEN ZU BEGEGNEN. SIE WOLLTEN IHNEN VON JESUS ERZÄHLEN...

...UND SIE WAREN NEUGIERIG, WELCHE ERFAHRUNGEN DIE ANDEREN MIT GOTT MACHEN.

MICH INTERESSIERT DEIN GLAUBE, DESHALB LERNE ICH DEINE SPRACHE.

AUCH HEUTE NOCH TAUSCHT SICH DIE HERRNHUTER BRÜDERGEMEINE GERNE MIT MENSCHEN IN UNTERSCHIEDLICHEN KULTUREN UND KIRCHEN AUS.

MIT DER ZEIT IST SIE GEWACHSEN UND HAT MITGLIEDER IN VERSCHIEDENEN TEILEN DER ERDE.

DIESE VIELEN MENSCHEN FÜHLEN SICH MITEINANDER VERBUNDEN, INDEM SIE JEDEN TAG DIE GLEICHEN BIBELVERSE LESEN.

TÄGLICH IST DAS EIN VERS AUS DEM ALTEN UND EINER AUS DEM NEUEN TESTAMENT. ALS MINIANDACHT ODER TAGESMOTTO KÖNNEN DIESE EINEN DURCH DEN TAG BEGLEITEN.

DAS SIND DIE LOSUNGEN, DIE ES WELTWEIT IN VERSCHIEDENEN SPRACHEN GIBT UND DIE AUCH IN VIELEN ANDEREN KIRCHEN GELESEN WERDEN.

DIE AUSGABE "FÜR JUNGE LEUTE" HÄLTST DU GERADE IN DER HAND. VIEL SPASS DAMIT! ICH FREUE MICH AUF DIE ZEIT MIT DIR!

Herrnhuter Brüdergemeine weltweit

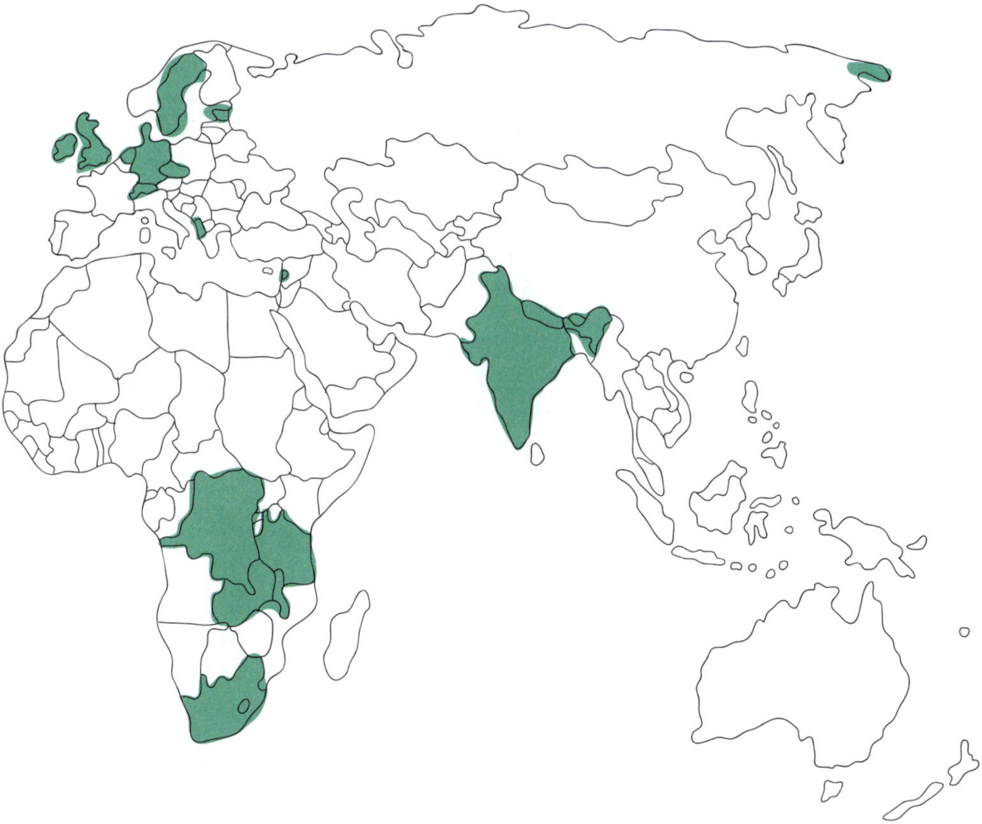

Wegweiser

❶ LOSUNG
Das ist der Losungsspruch für den Tag. Er stammt aus dem Alten Testament. Dieser Spruch wurde aus einer Sammlung von über 1800 Sprüchen für diesen Tag wie ein Los bei einer Lotterie gezogen. Das heißt, allein der Zufall und Gottes Hand bestimmen die Losung des Tages.

❷ LEHRTEXT
Zu jedem Losungsspruch wird ein Text aus dem Neuen Testament hinzugestellt. Dieser wird nicht gezogen, sondern passend zur Losung des Tages ausgesucht. So werden wir angeregt, uns täglich an die Worte aus dem Alten und Neuen Testament zu erinnern und vielleicht darin zu lesen.

❸ QUELLEN
Für die Losungs- und Lehrtexte sind die folgenden Bibelübersetzungen verwendet worden: BasisBibel (BB), Hoffnung für alle (HFA), Gute Nachricht (GN), Zürcher Bibel (ZB) und Neue Genfer Übersetzung (NGÜ). Ist kein Buchkürzel angegeben, dann wurden die Texte der Luther-Bibel entnommen.

❹ BIBELLESE
Hier stehen die Angaben der Verse des Bibelleseplans für Einsteiger der Ökumenischen Arbeitsgemeinschaft für Bibellesen (ÖAB). Weiteres dazu im Internet: www.oeab.de

❺ IMPULS
Der kurze Impulstext regt zum Weiterdenken an. Er stellt einen weiteren Zusammenhang zwischen der Losung und dem Lehrtext her. Zum Teil wird an dieser Stelle auch ein Bild, eine Illustration oder ein Comic eingesetzt.

❻ GEBET
Dieses kurze Gebet nimmt die Gedanken der Losung, des Lehrtextes und des Impulstextes auf und bringt sie für uns inhaltlich auf den Punkt.

❼ NOTIZEN
Hier ist Platz für persönliche Gedanken des Tages, für Notizen, Termine oder eigene Gebete.

Mittwoch 14 JUNI

Mein Tag

Meine Seele soll sich rühmen des HERRN, dass es die Elenden hören und sich freuen.
PSALM 34,3

Freut euch! Lass...
eure Freundlic...
Der Herr i...
PHILIPPER...

Wie das Meer de...
so leuchte aus deinen...
se...
AN...

Mittwoch 30 AUGUST

Mein Tag

❶ HERR, verdirb dein Volk und dein Erbe nicht, das du durch deine große Kraft erlöst hast!
5. MOSE 9,26

❸ Gott hat seinen eigenen Sohn nicht verschont. Vielmehr hat er ihn für uns alle in den Tod gegeben. Wenn er uns aber seinen Sohn geschenkt hat, wird er uns dann nicht auch alles andere schenken? ❷
RÖMER 8,32 BB

❺ Gott versucht immer, uns Gutes zu geben, aber unsere Hände sind zu voll, um es zu empfangen.
AUGUSTINUS, KIRCHENLEHRER UND PHILOSOPH IM 4. JAHRHUNDERT

❻ Guter Gott, du willst uns in deiner Güte mehr geben, als wir verdienen. Wir aber füllen unsere Leben mit dem, was nicht erfüllt. Hilf uns loszulassen, woran wir festhalten, damit wir mit leeren Händen empfangen können, was wirklich zum Leben führt.

Amen.

❹ MATTHÄUS 19,1–6

Kalender 2023

Januar

1	**SO**	NEUJAHR
2	MO	
3	DI	
4	MI	
5	DO	
6	FR	EPIPHANIAS/HEILIGE DREI KÖNIGE
7	SA	
8	**SO**	
9	MO	
10	DI	
11	MI	
12	DO	
13	FR	
14	SA	
15	**SO**	
16	MO	
17	DI	
18	MI	
19	DO	
20	FR	
21	SA	
22	**SO**	
23	MO	
24	DI	
25	MI	
26	DO	
27	FR	
28	SA	
29	**SO**	
30	MO	
31	DI	

Februar

1	MI	
2	DO	
3	FR	
4	SA	
5	**SO**	
6	MO	
7	DI	
8	MI	
9	DO	
10	FR	
11	SA	
12	**SO**	
13	MO	
14	DI	
15	MI	
16	DO	
17	FR	
18	SA	
19	**SO**	
20	MO	
21	DI	
22	MI	ASCHERMITTWOCH
23	DO	
24	FR	
25	SA	
26	**SO**	
27	MO	
28	DI	

Kalender 2023

März

1	MI	
2	DO	
3	FR	WELTGEBETSTAG
4	SA	
5	**SO**	
6	MO	
7	DI	
8	MI	
9	DO	
10	FR	
11	SA	
12	**SO**	
13	MO	
14	DI	
15	MI	
16	DO	
17	FR	
18	SA	
19	**SO**	
20	MO	
21	DI	
22	MI	
23	DO	
24	FR	
25	SA	
26	**SO**	
27	MO	
28	DI	
29	MI	
30	DO	
31	FR	

April

1	SA	
2	**SO**	**PALMSONNTAG**
3	MO	
4	DI	
5	MI	
6	DO	GRÜNDONNERSTAG
7	FR	KARFREITAG
8	SA	
9	**SO**	**OSTERFEST**
10	MO	OSTERMONTAG
11	DI	
12	MI	
13	DO	
14	FR	
15	SA	
16	**SO**	
17	MO	
18	DI	
19	MI	
20	DO	
21	FR	
22	SA	
23	**SO**	
24	MO	
25	DI	
26	MI	
27	DO	
28	FR	
29	SA	
30	**SO**	

Kalender 2023

Mai

1	MO	
2	DI	
3	MI	
4	DO	
5	FR	
6	SA	
7	**SO**	
8	MO	
9	DI	
10	MI	
11	DO	
12	FR	
13	SA	
14	**SO**	
15	MO	
16	DI	
17	MI	
18	DO	HIMMELFAHRT/AUFFAHRT
19	FR	
20	SA	
21	**SO**	
22	MO	
23	DI	
24	MI	
25	DO	
26	FR	
27	SA	
28	**SO**	**PFINGSTFEST**
29	MO	PFINGSTMONTAG
30	DI	
31	MI	

Juni

1	DO	
2	FR	
3	SA	
4	**SO**	
5	MO	
6	DI	
7	MI	
8	DO	
9	FR	
10	SA	
11	**SO**	
12	MO	
13	DI	
14	MI	
15	DO	
16	FR	
17	SA	
18	**SO**	
19	MO	
20	DI	
21	MI	
22	DO	
23	FR	
24	SA	
25	**SO**	
26	MO	
27	DI	
28	MI	
29	DO	
30	FR	

Kalender 2023

Juli

1	SA
2	**SO**
3	MO
4	DI
5	MI
6	DO
7	FR
8	SA
9	**SO**
10	MO
11	DI
12	MI
13	DO
14	FR
15	SA
16	**SO**
17	MO
18	DI
19	MI
20	DO
21	FR
22	SA
23	**SO**
24	MO
25	DI
26	MI
27	DO
28	FR
29	SA
30	**SO**
31	MO

August

1	DI	BUNDESFEIER CH
2	MI	
3	DO	
4	FR	
5	SA	
6	**SO**	
7	MO	
8	DI	
9	MI	
10	DO	
11	FR	
12	SA	
13	**SO**	
14	MO	
15	DI	
16	MI	
17	DO	
18	FR	
19	SA	
20	**SO**	
21	MO	
22	DI	
23	MI	
24	DO	
25	FR	
26	SA	
27	**SO**	
28	MO	
29	DI	
30	MI	
31	DO	

Kalender 2023

September

1	FR
2	SA
3	**SO**
4	MO
5	DI
6	MI
7	DO
8	FR
9	SA
10	**SO**
11	MO
12	DI
13	MI
14	DO
15	FR
16	SA
17	**SO**
18	MO
19	DI
20	MI
21	DO
22	FR
23	SA
24	**SO**
25	MO
26	DI
27	MI
28	DO
29	FR
30	SA

Oktober

1	**SO**	
2	MO	
3	DI	TAG DER DEUTSCHEN EINHEIT
4	MI	
5	DO	
6	FR	
7	SA	
8	**SO**	
9	MO	
10	DI	
11	MI	
12	DO	
13	FR	
14	SA	
15	**SO**	
16	MO	
17	DI	
18	MI	
19	DO	
20	FR	
21	SA	
22	**SO**	
23	MO	
24	DI	
25	MI	
26	DO	
27	FR	
28	SA	
29	**SO**	
30	MO	
31	DI	

Kalender 2023

November

1 MI	
2 DO	
3 FR	
4 SA	
5 SO	
6 MO	
7 DI	
8 MI	
9 DO	
10 FR	
11 SA	
12 SO	
13 MO	
14 DI	
15 MI	
16 DO	
17 FR	
18 SA	
19 SO	
20 MO	
21 DI	
22 MI	BUSS- UND BETTAG D
23 DO	
24 FR	
25 SA	
26 SO	EWIGKEITSSONNTAG
27 MO	
28 DI	
29 MI	
30 DO	

Dezember

1 FR	
2 SA	
3 SO	1. ADVENT
4 MO	
5 DI	
6 MI	
7 DO	
8 FR	
9 SA	
10 SO	2. ADVENT
11 MO	
12 DI	
13 MI	
14 DO	
15 FR	
16 SA	
17 SO	3. ADVENT
18 MO	
19 DI	
20 MI	
21 DO	
22 FR	
23 SA	
24 SO	4. ADVENT/HEILIGER ABEND
25 MO	WEIHNACHTSFEST
26 DI	2. WEIHNACHTSTAG/STEPHANUSTAG
27 MI	
28 DO	
29 FR	
30 SA	
31 SO	ALTJAHRSABEND/SILVESTER

Jahreskalender 2024

Januar
1 MO	
2 DI	
3 MI	
4 DO	
5 FR	
6 SA	
7 SO	
8 MO	
9 DI	
10 MI	
11 DO	
12 FR	
13 SA	
14 SO	
15 MO	
16 DI	
17 MI	
18 DO	
19 FR	
20 SA	
21 SO	
22 MO	
23 DI	
24 MI	
25 DO	
26 FR	
27 SA	
28 SO	
29 MO	
30 DI	
31 MI	

Februar
1 DO	
2 FR	
3 SA	
4 SO	
5 MO	
6 DI	
7 MI	
8 DO	
9 FR	
10 SA	
11 SO	
12 MO	
13 DI	
14 MI	
15 DO	
16 FR	
17 SA	
18 SO	
19 MO	
20 DI	
21 MI	
22 DO	
23 FR	
24 SA	
25 SO	
26 MO	
27 DI	
28 MI	
29 DO	

März
1 FR	
2 SA	
3 SO	
4 MO	
5 DI	
6 MI	
7 DO	
8 FR	
9 SA	
10 SO	
11 MO	
12 DI	
13 MI	
14 DO	
15 FR	
16 SA	
17 SO	
18 MO	
19 DI	
20 MI	
21 DO	
22 FR	
23 SA	
24 SO	
25 MO	
26 DI	
27 MI	
28 DO	
29 FR	
30 SA	
31 SO	

April
1 MO	
2 DI	
3 MI	
4 DO	
5 FR	
6 SA	
7 SO	
8 MO	
9 DI	
10 MI	
11 DO	
12 FR	
13 SA	
14 SO	
15 MO	
16 DI	
17 MI	
18 DO	
19 FR	
20 SA	
21 SO	
22 MO	
23 DI	
24 MI	
25 DO	
26 FR	
27 SA	
28 SO	
29 MO	
30 DI	

Mai
1 MI	
2 DO	
3 FR	
4 SA	
5 SO	
6 MO	
7 DI	
8 MI	
9 DO	
10 FR	
11 SA	
12 SO	
13 MO	
14 DI	
15 MI	
16 DO	
17 FR	
18 SA	
19 SO	
20 MO	
21 DI	
22 MI	
23 DO	
24 FR	
25 SA	
26 SO	
27 MO	
28 DI	
29 MI	
30 DO	
31 FR	

Juni
1 SA	
2 SO	
3 MO	
4 DI	
5 MI	
6 DO	
7 FR	
8 SA	
9 SO	
10 MO	
11 DI	
12 MI	
13 DO	
14 FR	
15 SA	
16 SO	
17 MO	
18 DI	
19 MI	
20 DO	
21 FR	
22 SA	
23 SO	
24 MO	
25 DI	
26 MI	
27 DO	
28 FR	
29 SA	
30 SO	

Juli

1	MO
2	DI
3	MI
4	DO
5	FR
6	SA
7	**SO**
8	MO
9	DI
10	MI
11	DO
12	FR
13	SA
14	**SO**
15	MO
16	DI
17	MI
18	DO
19	FR
20	SA
21	**SO**
22	MO
23	DI
24	MI
25	DO
26	FR
27	SA
28	**SO**
29	MO
30	DI
31	MI

August

1	DO
2	FR
3	SA
4	**SO**
5	MO
6	DI
7	MI
8	DO
9	FR
10	SA
11	**SO**
12	MO
13	DI
14	MI
15	DO
16	FR
17	SA
18	**SO**
19	MO
20	DI
21	MI
22	DO
23	FR
24	SA
25	**SO**
26	MO
27	DI
28	MI
29	DO
30	FR
31	SA

September

1	**SO**
2	MO
3	DI
4	MI
5	DO
6	FR
7	SA
8	**SO**
9	MO
10	DI
11	MI
12	DO
13	FR
14	SA
15	**SO**
16	MO
17	DI
18	MI
19	DO
20	FR
21	SA
22	**SO**
23	MO
24	DI
25	MI
26	DO
27	FR
28	SA
29	**SO**
30	MO

Oktober

1	DI
2	MI
3	DO
4	FR
5	SA
6	**SO**
7	MO
8	DI
9	MI
10	DO
11	FR
12	SA
13	**SO**
14	MO
15	DI
16	MI
17	DO
18	FR
19	SA
20	**SO**
21	MO
22	DI
23	MI
24	DO
25	FR
26	SA
27	**SO**
28	MO
29	DI
30	MI
31	DO

November

1	FR
2	SA
3	**SO**
4	MO
5	DI
6	MI
7	DO
8	FR
9	SA
10	**SO**
11	MO
12	DI
13	MI
14	DO
15	FR
16	SA
17	**SO**
18	MO
19	DI
20	MI
21	DO
22	FR
23	SA
24	**SO**
25	MO
26	DI
27	MI
28	DO
29	FR
30	SA

Dezember

1	**SO**
2	MO
3	DI
4	MI
5	DO
6	FR
7	SA
8	**SO**
9	MO
10	DI
11	MI
12	DO
13	FR
14	SA
15	**SO**
16	MO
17	DI
18	MI
19	DO
20	FR
21	SA
22	**SO**
23	MO
24	DI
25	MI
26	DO
27	FR
28	SA
29	**SO**
30	MO
31	DI

Mein Jahr 2023?

Schreibe in die Kästchen 20 Dinge,
die du 2023 öfter tun willst

Jahresbingo

- DINGE, MIT DENEN DU JEMANDEM EINE FREUDE MACHEN KANNST
- DINGE, DIE DIR GUT TUN
- DINGE, DIE DIR SPASS MACHEN
- DINGE, DIE DU VERÄNDERN WILLST
- DINGE, DIE DU MAL AUSPROBIEREN WILLST

01 / 23

Januar

Gott sah alles an, was er gemacht hatte:
Und siehe, es war sehr gut.

1. MOSE 1,31

MONTAG		02	09	16	23	30
DIENSTAG		03	10	17	24	31
MITTWOCH		04	11	18	25	
DONNERSTAG		05	12	19	26	
FREITAG		06	13	20	27	
SAMSTAG		07	14	21	28	
SONNTAG	01	08	15	22	29	

Mein Tag

Sonntag
01
JANUAR

> Meine Seele dürstet nach Gott, nach dem lebendigen Gott. Wann werde ich dahin kommen, dass ich Gottes Angesicht schaue?
> PSALM 42,3

> Wer da bittet, der empfängt; und wer da sucht, der findet; und wer da anklopft, dem wird aufgetan.
> MATTHÄUS 7,8

Ich, ich bin auf der Reise
und ehrlicherweise
oft mehr auf der Flucht
Du, Du bist das Zuhause
mein Atem, die Pause
und zu oft mein Verlust

Ich, ich such rauf und runter
bin kaum angekommen
und Du bist ständig neu versteckt
Ich, ich bin ein bunter
Baumlampion und Du
Du bist das Sommerfest

Ich, ich halt mich für weise
ich zieh meine Kreise
und Du lenkst mich ab
Ich, ich lauf wie eine Blinde
und staunend finde
ich Dich auch in der Nacht
JELENA HERDER, WORTKÜNSTLERIN

1. MOSE 16,13

Montag 02 Januar

Mein Tag

Ist nicht Ephraim mein teurer Sohn und mein liebes Kind? Denn sooft ich ihm auch drohe, muss ich doch seiner gedenken; darum bricht mir mein Herz, dass ich mich seiner erbarmen muss, spricht der HERR.

JEREMIA 31,20

Gott, der reich ist an Erbarmen, hat uns in seiner großen Liebe, die er uns entgegenbrachte, mit Christus zusammen lebendig gemacht, obwohl wir tot waren in unseren Verfehlungen.

EPHESER 2,4–5

Gott liebt uns nicht, weil wir liebenswert sind, sondern weil er die Liebe ist.

C. S. LEWIS

Wenn unsere Herzen gleichgültig kalt bleiben,
dann glüht deines umso mehr.
Wenn wir in unserer Schwäche gefangen sind,
dann führt dein Erbarmen in die Freiheit.
Wenn wir in Ohnmacht erstarren,
macht deine Wärme uns wieder lebendig.

Amen.

MATTHÄUS 3,1–12

Mein Tag

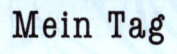

Dienstag
03 JANUAR

HERR, führe meine Sache und erlöse mich; erquicke mich durch dein Wort.
PSALM 119,154

Der Herr ist treu; der wird euch stärken und bewahren vor dem Bösen.
2. THESSALONICHER 3,3

Top five:

Wirkmächtige Worte

1. Ich bin bei dir.
2. Du kannst dich auf mich verlassen.
3. Ich bin größer als deine Angst.
4. Du bist nicht allein.
5. Ich halte dich.

Meine Top five:

_____
_____
_____
_____
_____

In jeder Nacht, die mich bedroht,
ist immer noch dein Stern erschienen.
Und fordert es, Herr, dein Gebot,
so naht dein Engel, mir zu dienen.
In welchen Nöten ich mich fand,
du hast dein starkes Wort gesandt.

JOCHEN KLEPPER

MATTHÄUS 3,13–17

Mittwoch 04 Januar

Mein Tag

Der Engel des HERRN rührte Elia an und sprach: Steh auf und iss! Denn du hast einen weiten Weg vor dir.

1. KÖNIGE 19,7

Stärkt die müden Hände und die wankenden Knie und tut sichere Schritte mit euren Füßen.

HEBRÄER 12,12–13

Ich balanciere durchs Leben und versuche das Gleichgewicht zu finden. Doch oft gerate ich ins Wanken und drohe zu fallen. Schenke mir Kraft, um immer wieder die nötige Balance zu halten und mach mich gewiss: An deiner Hand finde ich Halt!

Amen.

MATTHÄUS 4,1–4

Mein Tag

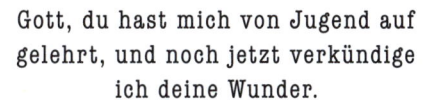

Donnerstag
05
JANUAR

Gott, du hast mich von Jugend auf gelehrt, und noch jetzt verkündige ich deine Wunder.
PSALM 71,17

Simeon sprach: Herr, du hast dein Wort gehalten, jetzt kann ich, dein Diener, in Frieden sterben. Ich habe es mit eigenen Augen gesehen: Du hast uns Rettung gebracht, die ganze Welt wird es erfahren.
LUKAS 2,29–31 HFA

Vom Anfang bis zum Ende
hält Gott seine Hände
über mir und über dir.
Ja, er hat es versprochen,
hat nie sein Wort gebrochen:
»Glaube mir, ich bin bei dir!«

DANIEL KALLAUCH, KINDERMUSIKER

MATTHÄUS 4,5–7

Freitag
06
JANUAR
EPIPHANIAS

Mein Tag

Hiskia wurde todkrank. Er betete zum HERRN, und der erhörte sein Gebet und bestätigte ihm dies sogar durch ein Zeichen. Doch anstatt Gott zu danken und ihm seine Wohltat zu erwidern, wurde der König überheblich.

2. CHRONIK 32,24–25 HFA

Die Hochmütigen weist Gott von sich; aber er wendet denen seine Liebe zu, die wissen, dass sie ihn brauchen.

1. PETRUS 5,5 HFA

Der Glaube ist keine Zumutung für unseren Verstand, sondern für unseren Stolz.

WERNER STEINBERG, SCHRIFTSTELLER

Vergib, wenn ich Dich undankbar beiseiteschiebe.
Vergib, wenn ich mich überhebe und meine,
alles besser zu wissen.
Vergib, wenn ich mir einbilde,
Dich gar nicht zu brauchen.

MATTHÄUS 4,8–11

Mein Tag

Samstag
07
JANUAR

Vom Aufgang der Sonne bis zu ihrem Niedergang sei gelobet der Name des HERRN!
PSALM 113,3

Ausdauer und Ermutigung kommt von Gott. Er gebe auch, dass ihr euch untereinander einig seid – so wie es Christus Jesus angemessen ist. Dann könnt ihr alle miteinander Gott, den Vater unseres Herrn Jesus Christus, wie aus einem Munde loben.
RÖMER 15,5–6 BB

Gott, Liebende und Liebender,
Mutter und Vater,
auf vielerlei Weise begegnest du uns:
In der Schöpfung entdecken wir deine Wunder.
Tagtäglich beschenkst du uns mit Leben.
Keinen Atemzug gäbe es ohne dich.
Du lebst in uns und führst uns zueinander.
Trotz aller Unterschiede.
Trotz aller Streitigkeiten.
Trotz aller Enttäuschung und Bitternis.
Zeige uns, was uns verbindet und schenke uns deinen Frieden.

Amen.

MATTHÄUS 4,12–17

Sonntag
08
JANUAR

Mein Tag

Hilf dem Armen gern, tu es nicht widerwillig!
5. MOSE 15,10 GN

Gebt, so wird euch gegeben.
LUKAS 6,38

Ihr denkt stets an das, was ihr behalten oder verlieren könnt. Denkt doch an das, was ihr geben könnt!
ROMAIN ROLLAND

Mach, dass ich danach trachte
zu trösten, statt getröstet zu werden,
zu verstehen, statt verstanden zu werden,
zu lieben, statt geliebt zu werden.
Denn wir können nur empfangen,
wenn wir geben.
FRANZ VON ASSISI

MATTHÄUS 4,18–22

Mein Tag

Montag
09
JANUAR

Du sollst nicht einem Schuldigen Beistand leisten, indem du als Zeuge Gewalt deckst.
2. MOSE 23,1

Brüder und Schwestern: Was wahrhaftig ist, was ehrbar, was gerecht, was rein, was liebenswert, was einen guten Ruf hat, sei es eine Tugend, sei es ein Lob – darauf seid bedacht!
PHILIPPER 4,8

Je weniger wir Trugbilder bewundern, desto mehr vermögen wir die Wahrheit aufzunehmen.
ERASMUS VON ROTTERDAM

Herr, mach die Kirche zur Stimme deiner Wahrheit! Inmitten von Intrigen, Verdrehungen und Lügen hilf uns die Wahrheit finden und unbeirrt verkünden.
LOTHAR ZENETTI

RICHTER 2,6–15

Dienstag
10 JANUAR

Mein Tag

Mose sprach zu Gott: Wer bin ich, dass ich zum Pharao gehe und führe die Israeliten aus Ägypten? Gott sprach: Ich will mit dir sein.

2. MOSE 3,11–12

Jesus spricht: Ihr sollt wissen: Ich sende euch wie Schafe mitten unter die Wölfe. Seid klug wie die Schlangen, aber zugleich aufrichtig wie die Tauben!

MATTHÄUS 10,16 BB

Fast immer ist der richtige Weg der schwerste.

FRANÇOIS MAURIAC

Höre nicht auf, Herr unser Gott, uns und aller Welt mit deinem guten Wort zuzusetzen, dass der Glaube sich herumspreche bei allen Menschen und die Kraft deiner Barmherzigkeit sich durchsetze, wo die Mächtigen sich vergessen und die Ohnmächtigen vergessen werden, wo nach Leben geschrieen und um Gnade gebettelt wird: Erbarme dich, Herr!

EBERHARD JÜNGEL

RICHTER 2,16–23

Mein Tag

Mittwoch
11
JANUAR

Der HERR hört mein Flehen; mein Gebet nimmt der HERR an.
PSALM 6,10

Wenn du betest, so geh in dein Kämmerlein und schließ die Tür zu und bete zu deinem Vater, der im Verborgenen ist; und dein Vater, der in das Verborgene sieht, wird dir's vergelten.
MATTHÄUS 6,6

To think:
Gibt es einen Ort, an dem du regelmäßig zur Ruhe kommst und deine Seele Kraft tanken kann? Wie oft bist du dort?

Noch verbunden mit dem Schweigen der Nacht.
In der Stille des Morgens vor dich treten.
Ein Schritt der Zuversicht.
Auch dieser neue Tag ist von dir gewollt.

Amen.

RICHTER 4,1–16

Donnerstag
12
JANUAR

Mein Tag

Nun, Israel, was fordert der HERR, dein Gott, noch von dir, als dass du den HERRN, deinen Gott, fürchtest, dass du in allen seinen Wegen wandelst und ihn liebst und dem HERRN, deinem Gott, dienst von ganzem Herzen und von ganzer Seele?

5. MOSE 10,12

Wer sein Wort hält, in dem ist wahrlich die Liebe Gottes vollkommen.

1. JOHANNES 2,5

Gut oder schlecht? Richtig oder falsch? Verboten oder erlaubt? Lass uns nicht darauf konzentriert bleiben, was wir nicht tun sollen, sondern worauf dein Fokus liegt: zu lieben.

Amen.

RICHTER 6,1–10

Mein Tag

Freitag
13
JANUAR

Erschreckt nicht und habt keine Angst, ihr Israeliten! Ich habe es euch doch schon längst wissen lassen und euch angekündigt, was jetzt geschieht. Das könnt ihr bezeugen!
JESAJA 44,8 BB

Wir treten im Auftrag von Christus auf. Ja, Gott selbst lädt die Menschen durch uns ein. So bitten wir im Auftrag von Christus: Lasst euch mit Gott versöhnen!
2. KORINTHER 5,20 BB

An deiner Hand werden Ängste klein.
An deiner Hand dürfen wir neue Wege gehen.
An deiner Hand kann alles besser werden.
An deiner Hand wird Versöhnung möglich.
An deiner Hand _____.
An deiner Hand _____.

RICHTER 6,11–24

Samstag
14
JANUAR

Mein Tag

Als ich gerade erst entstand, hast du mich schon gesehen. Alle Tage meines Lebens hast du in dein Buch geschrieben.
PSALM 139,16 HFA

Macht euch keine Sorgen um euer Leben.
MATTHÄUS 6,25 HFA

Neugierig

Anstatt mir Sorgen in einer bestimmten Situation zu machen, will ich öfters mal zu Gott sagen: »Ich bin gespannt, was du daraus machen wirst!« Und das macht mich tatsächlich gelassener. Nicht so sorgenvoll, sondern einfach nur neugierig.

CHRISTINA SCHÖFFLER,
BLOGGERIN UND AUTORIN

Du kennst alle meine Tage
jede Situation und Frage
dennoch kreisen meine Sorgen
immer wieder: Was wird morgen?
sehne mich nach Sicherheit
plane alles lang und breit
habe alles bis ins Kleinste durchdacht
aber leichter hat es mich nicht gemacht
doch bei dir werde ich gelassen
will mich dir ganz überlassen
Du wirst meinem Leben
seine Richtung geben.

RICHTER 6,25–32

Mein Tag

Sonntag
15
JANUAR

Recht und Gerechtigkeit tun ist dem HERRN lieber als Opfer.
SPRÜCHE 21,3

Wie der Leib ohne Geist tot ist, so ist auch der Glaube ohne Werke tot.
JAKOBUS 2,26

Es gibt für jeden tausend Möglichkeiten, die Welt ein bisschen besser zu machen. Denn alles ist besser, als nichts zu tun.

SAMUEL KOCH

Mach einen Menschen aus mir, der sucht, was verloren ist, der bei den Unterdrückten ist, der nicht wegläuft von einem anderen Menschen in seinem Elend. Lass mich geduldig und barmherzig sein, mach mich wachsam, bete in mir.

HUUB OOSTERHUIS

RICHTER 6,33–40

Montag
16
JANUAR

Mein Tag

> Meine Lippen und meine Seele, die du erlöst hast, sollen fröhlich sein und dir lobsingen.
> **PSALM 71,23**

> Freut euch und dankt ihm, dem Vater, dass er euch das Recht gegeben hat, an dem Erbe teilzuhaben, das er in seinem Licht für sein heiliges Volk bereithält.
> **KOLOSSER 1,11–12 NGÜ**

Wir beschweren uns nicht über das, was Gott uns nicht gibt, sondern wir danken für das, was er uns täglich gibt.
DIETRICH BONHOEFFER

> Du verwandelst Traurigkeit in Freude und Gelassenheit,
> flutest unser Leben mit Glück.
> Du machst die engen Herzen weit und füllst sie dann mit Dankbarkeit.
> Wer dich kennt, der will niemals zurück. Du bist treu, Herr, du bist treu.
> Du machst unser Leben neu, wenn wir auf dich schauen,
> uns dir anvertrauen und auf dich, den Felsen bauen.
> **ARNE KOPFERMANN, LIEDERMACHER**

RICHTER 7,1–8A

Mein Tag

Dienstag
17
JANUAR

Tief präge ich mir dein Wort ein, damit ich nicht vor dir schuldig werde.
PSALM 119,11 HFA

Bewahre diese kostbare Gabe, die dir anvertraut ist. Die Kraft dazu wird dir der Heilige Geist geben, der in uns wohnt.
2. TIMOTHEUS 1,14 HFA

Lesen wir das Evangelium, jeden Tag etwas. So werden wir lernen, das Wesentliche daraus zu leben: Liebe und Barmherzigkeit.
PAPST FRANZISKUS

Lass mich wissen, was dir wichtig ist. Und lass es mich dann auch leben.

RICHTER 7,8B–14

Mittwoch
18
JANUAR

Mein Tag

Voller Liebe führst du uns, dein Volk, das du gerettet hast.
2. MOSE 15,13 HFA

Christus hat gelitten, obwohl er frei von jeder Schuld war. Er tat es für unsere Sünden und starb für uns schuldige Menschen, und zwar ein für alle Mal. So hat er uns zu Gott geführt.
1. PETRUS 3,18 HFA

In Christus sieht der Mensch, wozu er berufen ist und was er werden kann.

MATTHIAS CLAUDIUS, DICHTER UND ERZÄHLER IM 18. JAHRHUNDERT

Durch Dich, Jesus, dürfen wir erleben, dass wir angenommen sind und berufen zur Gemeinschaft mit Dir. In Dir, Jesus, dürfen wir erkennen, dass wir geschaffen sind nach göttlichem Bild und wie wir sein können. Du führst uns zum wahren Leben und schenkst uns Liebe ohne Ende.

RICHTER 7,15–22

Mein Tag

Donnerstag
19
JANUAR

Gott sieht die Enden der Erde und schaut alles, was unter dem Himmel ist.

HIOB 28,24

Das will euer Vater im Himmel: Kein Einziger von diesen Geringsten soll verloren gehen.

MATTHÄUS 18,14 BB

To think:

Gott ist das Kleinste nicht zu klein.
Ob das an seiner Größe liegt?

Ich fühle mich einsam und unverstanden.
Deshalb rede ich jetzt mit dir, Jesus. Dir ist nichts Menschliches fremd.
Denn Du bist vom Himmel auf die Erde gekommen und Mensch geworden.
Meine Probleme erscheinen dir nicht klein und unwichtig.
Du weißt genau, wie ich mich fühle und lässt mich nicht allein!

Amen.

RICHTER 8,22–28

Freitag 20 Januar

Mein Tag

Wenn du deinem Nächsten etwas verkaufst oder ihm etwas abkaufst, soll keiner seinen Bruder übervorteilen.

3. MOSE 25,14

Wir sind darauf bedacht, dass alles seine Richtigkeit hat, nicht nur vor dem Herrn, sondern auch vor den Menschen.

2. KORINTHER 8,21 ZB

Alle Klüfte, die zwischen Menschen entstehen können, kommen von der Unaufrichtigkeit zwischen ihnen.

ANTON WILDGANS

Hilf uns, ehrlich miteinander umzugehen, uns in Arbeit und Beruf gegenseitig zu achten und zu fördern. Sei du selbst Maß und Ziel für all unser Tun.

AUS EINER LITURGIE DER BRÜDERGEMEINE

RUT 1,1–13

Mein Tag

Samstag
21
JANUAR

Nackt bin ich zur Welt gekommen
und nackt verlasse ich sie wieder.
HIOB 1,21 HFA

Zieht an den Herrn Jesus Christus.
RÖMER 13,14

Gott, du fantasievolle Menschenschöpferin,
mach mir klar, dass es nicht wichtig ist,
was für einen Körper ich habe
oder welche Klamotten ich trage.
Sondern dass wir alle eine Schönheit in uns tragen,
die von dir kommt.
Weil wir alle von dir kommen und in dir geborgen sind.
Lass uns diese Schönheit in den anderen entdecken.
Jeden Tag neu.

Amen.
BEATA WILCKE

RUT 1,14–22

Sonntag 22 Januar

Mein Tag

Dir, HERR, ist niemand gleich; du bist groß, und dein Name ist groß, wie du es mit der Tat beweist.
JEREMIA 10,6

Einen andern Grund kann niemand legen außer dem, der gelegt ist, welcher ist Jesus Christus.
1. KORINTHER 3,11

Jesu ganzes Dasein ist die Übersetzung der Macht in Demut.
ROMANO GUARDINI

Ehre sei Gott in der Höhe, der heruntergekommen ist bis in meine Tiefe.
ELMAR GRUBER

RUT 2,1–7

Mein Tag

Montag
23
JANUAR

To do:
Gott einen Vertrauensvorschuss geben!

Bei dir suche ich Zuflucht,
enttäusche mich nicht!
PSALM 25,20 GN

Als die Regenflut kam, die Flüsse
über die Ufer traten und der Sturm
tobte und an dem Haus rüttelte,
stürzte es nicht ein, weil es auf
Fels gebaut war.
MATTHÄUS 7,25 GN

Du guter Vater im Himmel!
Ich habe schon fast nicht mehr daran geglaubt,
aber jetzt ist doch alles gut geworden.
Danke, dass ich dir vertrauen kann
und du auch wirklich hilfst!

Amen.

RUT 2,8–16

Dienstag 24 Januar

Mein Tag

Der Höchste ist deine Zuflucht.
PSALM 91,9

Jesus spricht: Euer Herz erschrecke nicht! Glaubt an Gott und glaubt an mich!
JOHANNES 14,1

Es kann nicht immer sein, dass Gott die Angst von uns nimmt, aber es kann immer möglich werden, dass wir in Angst getröstet werden.
CHRISTOPH BLUMHARDT

Halte zu mir, guter Gott, heut den ganzen Tag. Halt die Hände über mich, was auch kommen mag.
ROLF KRENZER/LUDGER EDELKÖTTER

RUT 2,17–23

Mein Tag

Mittwoch
25
JANUAR

Gerechtigkeit führt zum Leben; aber dem Bösen nachjagen führt zum Tode.
SPRÜCHE 11,19

Selig sind, die da hungert und dürstet nach der Gerechtigkeit; denn sie sollen satt werden.
MATTHÄUS 5,6

Stichwort: Gerechtigkeit

Im Gegensatz zum deutschen Begriff »Gerechtigkeit«, der auf die Erfüllung einer formalen Rechtsnorm zielt, geht es beim biblischen Verständnis von »Gerechtigkeit« immer um die Beziehung zwischen Personen, die in dem »rechten«, beiden Seiten gerecht werdenden Verhältnis zueinanderstehen sollen. Gerecht ist, wer sich der idealen Form einer solchen Beziehung – sei es zwischen Menschen oder zwischen Gott und Mensch – »entsprechend« verhält.

KURZERKLÄRUNG DER BASISBIBEL

Sonne der Gerechtigkeit, gehe auf zu unsrer Zeit; brich in deiner Kirche an, dass die Welt es sehen kann. Erbarm dich, Herr.
CHRISTIAN DAVID

RUT 3,1–13

Mein Tag

Donnerstag
26
JANUAR

Du erfreust mein Herz mehr als zur Zeit, da es Korn und Wein gibt in Fülle.
PSALM 4,8

Das Reich Gottes ist nicht Essen und Trinken, sondern Gerechtigkeit und Friede und Freude im Heiligen Geist.
RÖMER 14,17

Foodblogs, Kochshows, Social-Media-Bilderflut, immer neue Ernährungstrends. Ob vegan, glutenfrei, clean eating, zuckerfrei… Beim Essen kann jeder mitreden – über Vorlieben, Allergien, Optimierungs-Strategien oder nachhaltigen, richtigen Konsum. Die Themen liegen auf dem Teller. Und zeigen, wer wir sind und wer wir sein wollen. Auch mit viel Liebe gemacht führt uns Essen aber nicht immer zusammen. Was dem einen heilig ist, nervt oder beunruhigt den anderen. Gemeinsames Essen wird eine Herausforderung. Lass uns dabei das Wesentliche nicht vergessen: die Dankbarkeit für den reich gedeckten Tisch und das friedliche Miteinander.

RUT 3,14–18

Mein Tag

Freitag 27 Januar

Der Gerechte ist wie ein Baum, gepflanzt an den Wasserbächen, der seine Frucht bringt zu seiner Zeit, und seine Blätter verwelken nicht.

PSALM 1,3

Paulus schreibt: Ich bete dafür, dass eure Liebe reicher und reicher werde an Erkenntnis und zu umfassender Einsicht gelangt, erfüllt mit Frucht der Gerechtigkeit, die Jesus Christus wirkt, zur Ehre und zum Lobe Gottes.

PHILIPPER 1,9.11 ZB

Setze der Liebe keine Schranken, lasse sie ihre Äste ausbreiten, soweit sie nur kann.

BERNHARD VON CLAIRVAUX

Gott, hilf mir heute, deine Liebe in meinem Leben zu erkennen und aus dieser Liebe zu handeln. Hilf mir, meinen Nächsten zu lieben unabhängig von seiner kulturellen, ethnischen und religiösen Zugehörigkeit. Nimm mein Gebet an und lass es die Frucht der Gerechtigkeit bringen.

ARBEITSGEMEINSCHAFT CHRISTLICHER KIRCHEN IN DEUTSCHLAND

RUT 4,1–12

Samstag 28 Januar

Mein Tag

David sprach zu Goliat: Du kommst zu mir mit Schwert, Spieß und Sichelschwert, ich aber komme zu dir im Namen des HERRN Zebaoth.
1. SAMUEL 17,45

Passt euch nicht den Maßstäben dieser Welt an.
RÖMER 12,2

Gebraucht die Liebe als eure wichtigste Waffe. Lasst euch von keinem Menschen so erniedrigen, dass ihr ihn hasst. In einer Welt, die sich auf Macht, Zwangsherrschaft und Gewalt verlässt, seid ihr aufgerufen, dem Weg der Liebe zu folgen. Dann werdet ihr erfahren, dass unbewaffnete Liebe die stärkste Macht der Welt ist.
MARTIN LUTHER KING, AMERIKANISCHER BÜRGERRECHTLER UND BAPTISTENPASTOR

RUT 4,13–17

Mein Tag

Sonntag
29
JANUAR

Herr, Gott Zebaoth, tröste uns wieder; lass leuchten dein Antlitz, so ist uns geholfen.
PSALM 80,20

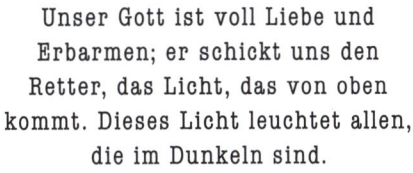

Unser Gott ist voll Liebe und Erbarmen; er schickt uns den Retter, das Licht, das von oben kommt. Dieses Licht leuchtet allen, die im Dunkeln sind.
LUKAS 1,78–79

Jesus, Du bist das lebendige Wort Gottes. Und wirkst durch die Worte der Bibel mitten unter uns. Wir dürfen deine Frohe Botschaft hören und entdecken, wie du tröstest, hilfst, rettest, leuchtest, _____, _____, _____, _____!

PSALM 92,1–6

Montag
30
JANUAR

Mein Tag

Der HERR, unser Gott, hat uns behütet auf dem ganzen Wege, den wir gegangen sind.
JOSUA 24,17

Siehe, ich bin bei euch alle Tage bis an der Welt Ende.
MATTHÄUS 28,20

Du hast mir
Deine Liebe eingeflößt
wie Milch.
Deine Weisheit ins Herz geflüstert.
Mich gestillt
mit der Schönheit unserer Tradition.
Den Ritualen unserer Feiertage.
Den treuen Gebeten.
Gefüttert hast du mich.
Großgezogen.
Du behütest mich noch.
Ich danke Dir.
CHRISTINA BRUDERECK

PSALM 92,13–16

Mein Tag

Dienstag
31
JANUAR

Gott, du bleibst, wie du bist, und deine Jahre nehmen kein Ende.
PSALM 102,28

Gnade sei mit euch und Friede von dem, der da ist und der da war und der da kommt.
OFFENBARUNG 1,4

Die Zeit der Zuversichtlichen
Hoffende haben
das Leben vor sich.
Dankbare können sich
an dem freuen,
was sie schon
empfangen haben.
Verzweifelte aber
wollen sich weder
von der Zukunft
noch von der
Vergangenheit
trösten lassen –
und laufen
so Gefahr,
auch noch
die Gegenwart
zu verlieren.
HANS-JOACHIM ECKSTEIN

MATTHÄUS 4,23–25

02/23

Februar

Sara aber sagte:
Gott ließ mich lachen.
1. MOSE 21,6

MONTAG		06	13	20	27
DIENSTAG		07	14	21	28
MITTWOCH	01	08	15	22	
DONNERSTAG	02	09	16	23	
FREITAG	03	10	17	24	
SAMSTAG	04	11	18	25	
SONNTAG	05	12	19	26	

Mein Tag

Mittwoch
01
FEBRUAR

> Kehrt um zu mir, spricht der HERR Zebaoth, so will ich zu euch umkehren.
> SACHARJA 1,3

> Der Herr hat Geduld mit euch. Denn er will nicht, dass jemand zugrunde geht. Im Gegenteil: Er will, dass alle ihr Leben ändern.
> 2. PETRUS 3,9 BB

Stopp

Zum Aussteigen bitte Haltewunschtaste drücken.

Dann steige aus, bevor du aus der Bahn fliegst oder ins Stolpern kommst.

Halte an, Abstand und die Augen auf: Wo du stehst, woher du kommst, wohin du wirklich willst.

Wenn du genug geschaut hast, lass hinter dir, was dich bewegt hat über kurz oder lang

und gehe achtsam deinen Weg weiter, Schritt für Schritt.

Die Seele kommt zu Fuß. Sonst bleibt sie auf der Strecke.

MATTHÄUS 5,1–4

Donnerstag
02
FEBRUAR

Mein Tag

Ich wache darüber, dass geschieht, was ich dir sage.
JEREMIA 1,12 GN

Jesus spricht: Denkt nicht, ich sei gekommen, um das Gesetz und die Weisungen der Propheten außer Kraft zu setzen. Ich bin nicht gekommen, um sie außer Kraft zu setzen, sondern um sie zu erfüllen und ihnen volle Geltung zu verschaffen.
MATTHÄUS 5,17 GN

Ich suche nach Sinn, nach Tiefe, nach Licht.
Es gibt so viel, was mir das Glück verspricht.
Aber wem kann ich vertrauen?
Auf was mein Leben bauen?
Ich würde so gern mein Schicksal schauen.
Doch was wirklich hält in dieser Welt,
ist das, was von deiner Liebe erzählt,
die mich, so wie ich bin, erwählt,
meine Sehnsucht stillt, und für immer gilt.

MATTHÄUS 5,5–6

Mein Tag

Freitag
03
FEBRUAR

Sie bilden sich ein, sie könnten die Rollen vertauschen! Der Ton kann doch nicht so tun, als wäre er der Töpfer! Oder kann das Werk von seinem Schöpfer sagen: »Er hat mich nicht gemacht?« Kann das Tongefäß vom Töpfer sagen: »Er versteht nichts davon?«

JESAJA 29,16 GN

Wir sind sein Werk, geschaffen in Christus Jesus zu guten Werken.

EPHESER 2,10

Sollen die Werke gut sein, so muss zuvor der Mensch gut sein, der sie tut. Denn wo nichts Gutes innen ist, da kommt nichts Gutes raus.

MARTIN LUTHER

Mein Jesus,
ich möchte dir dienen und finde den Weg nicht.
Ich möchte das Gute tun und finde den Weg nicht.
Ich möchte dich lieben und finde den Weg nicht.
Komm zu mir, mein Jesus.

PHILIPP NERI

MATTHÄUS 5,7–8

Samstag
04
FEBRUAR

Mein Tag

Jakob gelobte Gott: Von allem, was du mir gibst, will ich dir den Zehnten geben.

1. MOSE 28,22

Wer wenig sät, der wird auch wenig ernten; wer aber viel sät, der wird auch viel ernten.

2. KORINTHER 9,6 HFA

To think:

Ein Geizhals tut niemandem etwas Gutes. Aber behandelt er sich nicht eigentlich selbst am schlechtesten?

Wie schön ihr Lächeln war!
Wie groß ihre Freude!
Geben bewirkt Wunder!
Weil es die Geschenke des Lebens erkennen lässt.

MATTHÄUS 5,9

Mein Tag

Sonntag
05
FEBRUAR

Freu dich, wenn du einen Glückstag hast. Und wenn du einen Unglückstag hast, dann denke daran: Gott schickt dir beide, und du weißt nicht, was als Nächstes kommt.
PREDIGER 7,14

Seht die Vögel unter dem Himmel an: Sie säen nicht, sie ernten nicht, sie sammeln nicht in die Scheunen; und euer himmlischer Vater ernährt sie doch. Seid ihr denn nicht viel kostbarer als sie?
MATTHÄUS 6,26

Gesegnet seist du
mit Gottvertrauen
und Gelassenheit,
wenn Sorgen
dich unruhig machen.

Mit guten Bildern
und guten Gefühlen,
wenn schlechte Gefühle
überhand nehmen.

Mit guten Worten
und tröstenden Gesten,
wenn Hilflosigkeit
Leere erzeugt.

MATTHÄUS 5,10–12

Montag
06
FEBRUAR

Mein Tag

Das menschliche Herz ist und bleibt ein Rätsel: Es ist abgrundtief verkehrt und unverbesserlich. Wer kann es ergründen? Nur ich, der HERR, kann Herz und Nieren erforschen. Ich prüfe jeden Menschen, damit ich ihm das geben kann, was seinem Verhalten entspricht.

JEREMIA 17,9–10 BB

Lasst uns daher nicht müde werden, das Rechte zu tun. Denn wenn die Zeit da ist, werden wir die Ernte einbringen. Wir dürfen nur nicht vorher aufgeben.

GALATER 6,9 BB

In einem wankenden Schiff fällt um, wer stillsteht, nicht, wer sich bewegt.

SPRICHWORT

Das ist so unfair! Weshalb gebe ich mir überhaupt solche Mühe? Niemand sieht, dass ich mich so einsetze. In meinem Kopf dröhnen diese Gedanken. Ich bin erschöpft, entmutigt, müde. Am liebsten würde ich aufgeben. Doch lass mich bitte weiter in Bewegung bleiben und mich nicht abhängig davon machen, ob andere meine Mühe wertschätzen. Schenke mir Geduld, auch wenn das Ziel noch weit entfernt ist. Schenke mir neue Motivation, den Blick voraus und Kraft – einfach für den nächsten Schritt!

Amen.

MATTHÄUS 5,13–16

Mein Tag

Dienstag
07
FEBRUAR

Gleichwie der Regen und Schnee vom Himmel fällt und nicht wieder dahin zurückkehrt, sondern feuchtet die Erde und macht sie fruchtbar und lässt wachsen, dass sie gibt Samen zu säen und Brot zu essen, so soll das Wort, das aus meinem Munde geht, auch sein.

JESAJA 55,10–11

Wenn ihr in mir bleibt und meine Worte in euch bleiben, werdet ihr bitten, was ihr wollt, und es wird euch widerfahren. Darin wird mein Vater verherrlicht, dass ihr viel Frucht bringt und werdet meine Jünger.

JOHANNES 15,7–8

Was Gott in mein Leben säen soll, was wachsen soll, was Frucht bringen soll:

_____
_____
_____
_____

MATTHÄUS 5,17–20   *Amen.*

ingen
Mittwoch
08
FEBRUAR

Mein Tag

Denn an ihm freuen wir uns von ganzem Herzen, und wir vertrauen auf seinen heiligen Namen.
PSALM 33,21 NGÜ

Freut euch, was auch immer geschieht! Lasst euch durch nichts vom Gebet abbringen!
1. THESSALONICHER 5,16–17 NGÜ

Freude an Gott hat verwandelnde Kraft.
CHARLES HADDON SPURGEON

Gott, jeden Tag lässt du werden, auf dass er uns erfreue, ermutige und tröste. Zeige uns heute, wie nahe du uns bist. Nimm von uns Trägheit und Verzagtheit und locke uns, neugierig und offen auf andere Menschen zuzugehen.
MARIA JEPSEN

MATTHÄUS 5,21–24

Mein Tag

Donnerstag
09
FEBRUAR

Werdet still vor dem Herrn,
dem mächtigen Gott!
Sein Gerichtstag naht.
ZEFANJA 1,7 GN

Darum seid jederzeit bereit.
Denn der Menschensohn wird zu
einer Stunde kommen, wenn ihr
es nicht erwartet.
MATTHÄUS 24,44 GN

Stichwort: Menschensohn

In einer prophetischen Vision im Buch Daniel ist der Menschensohn die Person, die nach dem Gericht Gottes am Ende der Zeit über die Welt herrscht. Das Neue Testament nimmt diesen Titel für Jesus auf, der von Gott zum Herrscher und Retter der Welt bestimmt wird.

KURZERKLÄRUNG DER BASISBIBEL

als der Weltenschöpfer
rufst du Menschen ins Leben
und zur Verantwortung
auf deinen Ruf
zu antworten

als der Weltenrichter
von Menschen verurteilt
zum Tode
gibst du dein Leben
für sie

MATTHÄUS 5,33–37

Freitag 10 Februar

Mein Tag

Wie lieblich sind auf den Bergen die Füße des Freudenboten, der da Frieden verkündigt, Gutes predigt, Heil verkündigt, der da sagt zu Zion: Dein Gott ist König!

JESAJA 52,7

Tragt an euren Füßen als Schuhe die Bereitschaft, die Gute Nachricht vom Frieden zu verkünden.

EPHESER 6,15 BB

Komm, sag es allen weiter, ruf es in jedes Haus hinein!
Komm, sag es allen weiter: Gott selber lädt uns ein.
Sein Haus hat offne Türen, er ruft uns in Geduld,
will alle zu sich führen, auch die mit Not und Schuld.

FRIEDRICH WALZ

MATTHÄUS 5,38–42

Mein Tag

Samstag
11
FEBRUAR

Führe mich aus dem Kerker, dass
ich preise deinen Namen.
PSALM 142,8

Wenn euch nun der Sohn frei macht,
so seid ihr wirklich frei.
JOHANNES 8,36

Welch eine Befreiung ist es, wenn man vergeben kann!
CORRIE TEN BOOM

Jesus, bitte:
Hilf, dass wir uns dem stellen können, was falsch gelaufen ist.
Hilf, dass wir einander nicht länger Schuld nachtragen.
Hilf, dass wir uns gegenseitig vergeben und Wege der Versöhnung suchen.

Amen.

MATTHÄUS 5,43–48

Sonntag
12
FEBRUAR

Mein Tag

Achtet genau darauf, dass ihr den HERRN, euren Gott, liebt und wandelt auf allen seinen Wegen.

JOSUA 22,5

Wer mir dienen will, der folge mir nach; und wo ich bin, da soll mein Diener auch sein.

JOHANNES 12,26

Dir nach: Die Welt mit deinen Augen sehen.
Dir nach: Deinem Vorbild folgen.
Dir nach: Von dir lernen, was Liebe heißt.

MATTHÄUS 6,1–4

Mein Tag

Montag
13
FEBRUAR

Verwirf mich nicht von deinem Angesicht, und nimm deinen heiligen Geist nicht von mir.
PSALM 51,13

Der Zöllner stand ganz abseits und wagte nicht einmal seine Augen zum Himmel zu erheben, sondern schlug sich an die Brust und sagte: Gott, sei mir Sünder gnädig!
LUKAS 18,13 ZB

Der Heilige Geist ist da, wenn Gutes geschieht:
Wenn wir in großer Hektik ruhig werden können,
wenn wir in der Hitze Kühlung finden,
wenn wir durstig sind und trinken dürfen,
wenn wir hungrig sind und satt werden,
wenn wir traurig sind und getröstet werden,
wenn jemand wieder den richtigen Weg findet,
wenn einer, der mürrisch war, sich freut,
wenn ein Einsamer nicht länger allein ist,
wenn ein Kranker geheilt wird,
wenn Menschen Schuld bekennen und einander verzeihen können,
wenn wir spüren, dass uns jemand liebt.
GEORG SCHWIKART

MATTHÄUS 6,5–8

Dienstag
14
FEBRUAR

Mein Tag

Gott ist dennoch Israels Trost für alle, die reinen Herzens sind.
PSALM 73,1

Selig sind, die reinen Herzens sind; denn sie werden Gott schauen.
MATTHÄUS 5,8

Der Verstand sucht, aber das Herz findet.
GEORGE SAND

Wann immer mich Traurigkeit umhüllt,
ein tiefes Sehnen meine Seele füllt,
werde ich deine Wege wohl niemals ganz verstehen,
doch lass mein Herz dich dennoch sehen.

Amen.

MATTHÄUS 6,9–13

Mein Tag

Mittwoch
15
FEBRUAR

Ich will auch weiterhin seltsam an diesem Volk handeln, seltsam und wunderlich. Seine Weisen sind mit ihrer Weisheit am Ende. Von der Klugheit seiner Klugen ist nichts zu sehen.

JESAJA 29,14 BB

Die Menschen staunten, was sie da sahen: Die Stummen redeten, die Verkrüppelten wurden gesund, die Gelähmten konnten gehen und die Blinden sehen. Deshalb lobten sie den Gott Israels.

MATTHÄUS 15,31 BB

Gott begegnet mir. Dort, wo ich gerade stecke. Mitten im Leben. Man muss nur neugierig sein und sich locken lassen von dem, was einem zuerst komisch vorkommt.

YVONNE WILICKS

MATTHÄUS 6,10

Donnerstag
16 FEBRUAR

Mein Tag

Ich rief zu dem HERRN in meiner Angst, und er antwortete mir.
JONA 2,3

Jesus spricht: Bei euch sind sogar die Haare auf dem Kopf alle gezählt! Fürchtet euch nicht!
LUKAS 12,7 ZB

Manchmal öffne ich der Angst die Tür. Dann zieht die Kälte in mich ein und ich bin wie erstarrt. Angewurzelt bleibe ich stehen und bin versteinert, sodass ich gar nichts mehr tun kann. Doch deine Liebe und deine Macht sind größer als jede Angst! Befreie mich von Ohnmacht und Panik!

MATTHÄUS 6,11

Mein Tag

Freitag
17 FEBRUAR

Herr, wie sind deine Werke so groß und viel! Du hast sie alle weise geordnet, und die Erde ist voll deiner Güter.
PSALM 104,24

Auf einem dieser Planeten
formierte sich hochkomplexe Materie,
die irgendwann einmal sogar in der Lage ist,
einen Knall zu hören und
über den Urknall nachzudenken.
ANDREAS KNAPP

Würdig bist du, unser Herr und Gott, dass alle dich preisen und ehren und deine Macht anerkennen. Denn du hast die ganze Welt geschaffen; weil du es gewollt hast, ist sie entstanden.
OFFENBARUNG 4,11 GN

Wiesen und Berge, die Wälder und Seen,
was lebt und atmet in Tälern und Höh´n:
Es trägt deine Handschrift, bezeugt dein Tun,
verkündet deinen Ruhm.
Und darum jubel ich dir zu, dass jeder es hört: Der Meister bist du.
Ich will tanzen und singen vor dir, du herrlicher Schöpfer, Ehre sei dir!
UTE MEISSNER/DANNY PLETT

MATTHÄUS 6,12

Samstag 18 Februar

Mein Tag

Wenn ich nur dich habe, bedeuten Himmel und Erde mir nichts.
PSALM 73,25 HFA

Ich bin ganz sicher: Weder Tod noch Leben, weder Engel noch Dämonen, weder Gegenwärtiges noch Zukünftiges, noch irgendwelche Gewalten, weder Hohes noch Tiefes oder sonst irgendetwas auf der Welt können uns von der Liebe Gottes trennen, die er uns in Jesus Christus, unserem Herrn, schenkt.
RÖMER 8,38–39 HFA

Wann fängt das Leben an, glücklich zu sein? Wenn man alles, was kommt, aus Gottes Hand nehmen kann.

CARL HILTY

Wenden sich die Dinge zum Guten oder wird es schlechter? Geht es bald bergauf oder wartet ein nächstes Tief? Ob Glückstage oder schwere Stunden, ich darf sie verbunden mit dir leben.

Amen.

MATTHÄUS 6,13

Mein Tag

Sonntag
19 FEBRUAR

> Am Tage sendet der HERR seine Güte, und des Nachts singe ich ihm und bete zu dem Gott meines Lebens.
> PSALM 42,9

Der Rhythmus, der in dir wohnt,
ist der Rhythmus von Tag und Nacht.
Ein Rhythmus von Anspannung und Entspannung,
von Aktiv- und Passivsein.
Alles hat seine Zeit.
Jeder Sonnenauf- und jeder Sonnenuntergang
– sie sind Botschafter des Lebenstaktes.
In dir steckt der Rhythmus der Natur.
Hör nicht auf, diesen Rhythmus zu fühlen,
damit dein Leben im Takt bleibt.

> Als Jesus das Volk hatte gehen lassen, stieg er auf einen Berg, um für sich zu sein und zu beten. Und am Abend war er dort allein.
> MATTHÄUS 14,23

Ohne den Tag wüsste ich nicht, was die Nacht ist,
ohne die Nacht nicht, was der Tag.
Aus ihrer Ordnung erwächst mein Vertrauen.
Wie wohl tut das Dunkel nach dem rührigen Tag,
wie schön ruft der Morgen zum Tun.
Mögen wir gemeinsam erkennen,
dass Einer allein uns trägt.
PNINA NAVÈ-LEVINSON

MATTHÄUS 6,14-15

Montag
20 FEBRUAR

Mein Tag

Was ist der Mensch, von einer Frau geboren? Sein Leben ist kurz und doch voller Unruhe. Wie eine Blume blüht er auf und wird abgeschnitten. Wie ein Schatten flieht er und bleibt nicht hier.
HIOB 14,1–2 BB

Wir haben hier keine Stadt, die bestehen bleibt. Wir suchen vielmehr nach der zukünftigen Stadt.
HEBRÄER 13,14 BB

Wir sind Protestleute gegen den Tod.
CHRISTOPH BLUMHARDT

Nur der Hoffnungslose findet sich ab mit dem, was ist. Wer aber Hoffnung hat, sieht sich vor neuen Möglichkeiten, wie es anders werden und besser gehen kann.
JÜRGEN MOLTMANN

MATTHÄUS 6,16–18

Mein Tag

Dienstag
21 FEBRUAR

David sagte zum HERRN: Es war ein großes Unrecht, was ich getan habe. Doch jetzt, HERR, vergib deinem Knecht die Schuld! Denn ich habe ohne Sinn und Verstand gehandelt.

2. SAMUEL 24,10 BB

Wenn wir unsre Schuld eingestehen, ist Gott treu und gerecht: Er vergibt uns die Schuld und reinigt uns von allem Unrecht, das wir begangen haben.

1. JOHANNES 1,9 BB

Nichts ist feiger als die Ausrede, nichts ist größer als das Zugeben der Schuld.

FRIEDRICH VON BODELSCHWINGH

Herr, ich habe meine Schuld heruntergeredet und sie geleugnet, sie verdrängt und anderen angedichtet, ich habe mit ihr kokettiert und gespielt. Sie hat mich verwundet, gezeichnet und müde gemacht. Da wusste ich noch nicht, dass du sie geschenkt haben wolltest.

BERNHARD MEUSER

MATTHÄUS 6,19–21.24

Mittwoch

22 FEBRUAR

BEGINN DER PASSIONSZEIT

Mein Tag

Singt dem Herrn und lobt ihn! Denn er rettet den Armen aus der Gewalt seiner Feinde.

JEREMIA 20,13 GN

Maria sprach: Mein Herz preist den Herrn, alles in mir jubelt vor Freude über Gott, meinen Retter! Ich bin nur seine geringste Dienerin, und doch hat er sich mir zugewandt.

LUKAS 1,46–48 GN

Sei guter Dinge und freue dich, denn Gott ist dein Freund.

MARTIN LUTHER, REFORMATOR DER KIRCHE IM 16. JAHRHUNDERT

Was also soll ich ängstlich sorgen? Ich traue ihm, dass er mich sieht. Ich bin in ihm an jedem Morgen und rühme ihn mit meinem Lied.

JÖRG ZINK

MATTHÄUS 6,25–32

Mein Tag

Donnerstag
23
FEBRUAR

So kehrt nun um von euren bösen
Wegen. Warum wollt ihr sterben?
HESEKIEL 33,11

Erlöse uns von dem Bösen.
MATTHÄUS 6,13

kein Durchgang

Lass uns das abwehren, was sich zwischen uns
schiebt, was uns entfremdet.
Lass uns nicht dem nachgehen, was uns ins
Dunkle lockt, was uns die Hoffnung austreibt.
Lass uns nicht dem hinterherlaufen, was sich
als gut darstellt, aber in den Tod führt.

Amen.

MATTHÄUS 6,33–34

Freitag 24 Februar

Mein Tag

Ich will mit euch einen ewigen Bund schließen.
JESAJA 55,3

Auf alle Gottesverheißungen ist in Christus das Ja; darum sprechen wir auch durch ihn das Amen, Gott zur Ehre.
2. KORINTHER 1,20

#hundertprozent
#versprochenistversprochen
#fürimmerundewig

MATTHÄUS 7,1–5

Mein Tag

Samstag
25
FEBRUAR

Hört das Wort des Herrn! Der Herr erhebt Anklage gegen die Bewohner des Landes, denn nirgends gibt es noch Treue und Liebe, niemand kennt Gott und seinen Willen.
HOSEA 4,1 GN

To think:
Warum nicht auf den hören,
der schon weiß, was du fragen wirst?

Wenn es unter euch welche gibt, die nicht wissen, was sie in einem bestimmten Fall tun müssen, sollen sie Gott um Weisheit bitten, und Gott wird sie ihnen geben. Denn er gibt sie allen gerne, ohne ihnen Vorwürfe zu machen.
JAKOBUS 1,5 GN

Vater,
hab Dank, dass du da bist,
wenn ich dich brauche
und hab noch größeren Dank,
dass du mich nicht verlässt,
wenn ich nicht nach dir frage.

Amen.

MATTHÄUS 7,7–11

Sonntag
26 FEBRUAR

Mein Tag

Der HERR wird deinen Fuß vor der Falle bewahren.
SPRÜCHE 3,26

Jesus betet: Ich bitte nicht, dass du sie aus der Welt nimmst, sondern dass du sie bewahrst vor dem Bösen.
JOHANNES 17,15

Bewahre uns, Gott, behüte uns, Gott, sei mit uns auf unsern Wegen.
Sei Quelle und Brot in Wüstennot, sei um uns mit deinem Segen.

Bewahre uns, Gott, behüte uns, Gott, sei mit uns in allem Leiden.
Voll Wärme und Licht im Angesicht, sei nahe in schweren Zeiten.

Bewahre uns, Gott, behüte uns, Gott, sei mit uns vor allem Bösen.
Sei Hilfe, sei Kraft, die Frieden schafft, sei in uns, uns zu erlösen.

EUGEN ECKERT, SOZIALARBEITER, PFARRER UND LIEDTEXTER

MATTHÄUS 7,12

Mein Tag

Montag
27
FEBRUAR

Der HERR kommt, das Erdreich zu richten. Er wird den Erdkreis richten mit Gerechtigkeit und die Völker, wie es recht ist.
PSALM 98,9

Good to know:

Als Herrscher über die ganze Welt ist Gott der Richter, der am Ende der Zeit ein Urteil über sie spricht. Im Alten Testament bedeutet das hebräische Wort für »verurteilen« sowohl »richten« als auch «herrschen«. Im Hintergrund steht damit die altorientalische Vorstellung vom König, der das Recht aufrichtet und für seine Einhaltung sorgt. Gericht bedeutet in diesem positiven Sinn, dass Gott den Benachteiligten zu ihrem Recht verhilft und die Schuldigen zur Verantwortung zieht.

Wer sollte dich, Herr, nicht fürchten und deinen Namen nicht preisen? Denn du allein bist heilig! Ja, alle Völker werden kommen und anbeten vor dir, denn deine Urteile sind offenbar geworden.
OFFENBARUNG 15,4

Dir beuge sich der Kreis der Erde, dich bete jeder willig an, dass laut dein Ruhm besungen werde und alles dir bleib untertan. Kommt alle her, schaut Gottes Werke, die er an Menschenkindern tat! Wie wunderbar ist seine Stärke, die er an uns verherrlicht hat!
MATTHIAS JORISSEN

MATTHÄUS 7,13–14

Mein Tag

Dienstag
28
FEBRUAR

Aus der Tiefe rufe ich, HERR, zu dir.
Herr, höre meine Stimme!

PSALM 130,1–2

Der Blinde rief: Jesus, Sohn Davids, hab Erbarmen mit mir! Und die vorausgingen, fuhren ihn an, er solle schweigen. Er aber rief noch lauter: Sohn Davids, hab Erbarmen mit mir!

LUKAS 18,38–39 ZB

Manchmal ist mein Gebet so wie ein Arm, den ich nach oben recke, um dir zu zeigen, wo ich bin, inmitten von Milliarden Menschen.

PAUL ROTH

MATTHÄUS 7,24–29

März

03/23

Was kann uns scheiden von der Liebe Christi?

RÖMER 8,35

	06	13	20	27		**MONTAG**
	07	14	21	28		**DIENSTAG**
01	08	15	22	29		**MITTWOCH**
02	09	16	23	30		**DONNERSTAG**
03	10	17	24	31		**FREITAG**
04	11	18	25			**SAMSTAG**
05	12	19	26			**SONNTAG**

Mittwoch
01
MÄRZ

Mein Tag

Der König antwortete Daniel und sprach: Wahrhaftig, euer Gott ist ein Gott über alle Götter und ein Herr über alle Könige.
DANIEL 2,47

Paulus sprach: Glaubst du, König Agrippa, den Propheten? Ich weiß, dass du glaubst. Agrippa aber sprach zu Paulus: Es fehlt nicht viel, so wirst du mich noch überreden und einen Christen aus mir machen.
APOSTELGESCHICHTE 26,27–28

Brauchst du dir Gott erst zu beweisen? Zündet man denn eine Fackel an, um die Sonne zu sehen?
ÖSTLICHE WEISHEIT

Ich gebe dir meinen Kleinglauben, der deiner Größe nicht entspricht. Lass mich mehr begreifen, was ich für unglaublich halte.

Amen.

1. SAMUEL 1,1–11

Mein Tag

Donnerstag
02
MÄRZ

Der Herr sprach zu Jakob: Siehe, ich bin mit dir und will dich behüten, wo du hinziehst, und will dich wieder herbringen in dies Land.

1. MOSE 28,15

Der, der euch beruft, ist treu; er wird euch ans Ziel bringen.

1. THESSALONICHER 5,24 NGÜ

Lass mich nicht aufhören, auch das Fernliegende von dir zu erwarten. Und zeige mir, was Vertrauen mit Geduld zu tun hat.

Amen.

1. SAMUEL 1,12–20

Mein Tag

Freitag
03
MÄRZ
WELTGEBETSTAG

Du stellst meine
Füße auf weiten Raum.
PSALM 31,9

Gott gebe euch erleuchtete Augen
des Herzens, damit ihr erkennt,
zu welcher Hoffnung
ihr von ihm berufen seid.
EPHESER 1,18

To do:
Wer braucht neue Hoffnung?
Bete heute dafür!

O Gott! Deine Hand hat einst die befreit, die unterdrückt waren. Die Geschichten deines Volkes sind wunderbar. Aber wenn unsere Ohren die Menschen weinen hören, können wir nicht länger froh das Siegeslied singen. Angst und Verzweiflung sind Könige in unserem Land. Du hast einst wunderbare Dinge getan: Komm und tröste unser ängstliches Herz und lehre es zu singen.
JEN-WEN WANG, TAIWAN

1. SAMUEL 1,21–28

Mein Tag

Samstag
04
MÄRZ

Auf die Worte des HERRN ist Verlass,
sie sind rein und echt wie Silber,
das im Schmelzofen siebenmal
gereinigt wurde.
PSALM 12,7 GN

To do:
Negative Gedanken müssen draußen bleiben. Sie sind es nicht wert dir deine Zeit zu stehlen. Lass die Worte in dir wohnen, die lebendig machen! Hier auf der Seite ist viel Platz, um sie zu sammeln!

Die Worte, die ich zu euch geredet habe, die sind Geist und sind Leben.
JOHANNES 6,63

Wir halten zusammen!

Lebensmut

Sich fallen lassen können.

Wie liebevoll.

Trotzkraft

Ich bin da

Was für ein Wunder!

Danke für deine Wortmacht,
die Leben schafft,
die ermutigt,
die segnet.

1. SAMUEL 2,1–8

Sonntag
05
MÄRZ

Mein Tag

Wenn der HERR spricht,
so geschieht's; wenn er gebietet,
so steht's da.
PSALM 33,9

Der Hauptmann sprach zu Jesus:
Herr, ich bin nicht wert,
dass du unter mein Dach gehst,
sondern sprich nur ein Wort,
so wird mein Knecht gesund.
MATTHÄUS 8,8

Für alle, die sich in aussichtslosen Lagen
befinden, beten wir: Lass sie weitersehen!
Für alle, die deine Möglichkeiten unterschätzen,
beten wir: Übertriff ihre Erwartungen!
Für alle, die Vertrauen in deine Macht verloren
haben, beten wir: Rühr sie an mit deiner Kraft!

Amen.

1. SAMUEL 2,18–21.26

Mein Tag

Montag
06
MÄRZ

So spricht der HERR Zebaoth:
Wer euch antastet, der tastet
seinen Augapfel an.
SACHARJA 2,12

Was ihr getan habt einem von
diesen meinen geringsten Brüdern,
das habt ihr mir getan.
MATTHÄUS 25,40

To think:
das Zwischenmenschliche
= das Zwischendurch-Menschliche

Mensch an Mensch,
dicht gedrängt,
niemand grüßt.
Gesichter verstecken sich hinter Zeitungspapier.
In alle Ohren Kopfhörer gestöpselt.
Jeder für sich, mit niemandem reden,
kein Lächeln, kein Guten Morgen,
lasst mich in Ruhe, lasst mich allein
ich bin gar nicht hier.
Du sollst den Nächsten lieben wie dich selbst?
Es ist mir zu eng hier, zu muffelig,
ich könnte alle auf den Mond schießen.
Ist mir egal, wie es den anderen geht.
Jeder ein Geschöpf Gottes?
Nicht immer einfach,
dich in anderen Menschen zu entdecken.
STEPHAN SIGG

1. SAMUEL 3,1–9

Dienstag 07
MÄRZ

Mein Tag

Der HERR, unser Gott, verlasse uns nicht und ziehe die Hand nicht ab von uns.
1. KÖNIGE 8,57

Der Herr richte eure Herzen aus auf die Liebe Gottes und auf das Warten auf Christus.
2. THESSALONICHER 3,5

Gott ist der Gott der Hoffnung, den man darum nicht in sich oder über sich, sondern eigentlich immer nur vor sich haben kann, der einem in seinen Zukunftsverheißungen begegnet und den man darum auch nicht »haben« kann, sondern nur tätig hoffend erwarten kann …
JÜRGEN MOLTMANN

Was ich erträume, hast du schon getan.
Seh ich den Weg nicht, gehst du ihn voran.
Was ich auch denke bei Tag und bei Nacht,
du, Gott, hast immer schon an mich gedacht.
Forme mein Wesen und führ meinen Sinn;
bring mich zurück, wenn ich nicht bei dir bin.
Will meine Seele vor Sehnsucht vergehn,
lass du ein Bild deiner Zukunft entstehn.
STEFAN WELLER

1. SAMUEL 3,10–4,1A

Mein Tag

Mittwoch
08
MÄRZ

> O Land, Land, Land,
> höre des HERRN Wort!
> JEREMIA 22,29

> Was euch gesagt wird in das Ohr,
> das verkündigt auf den Dächern.
> MATTHÄUS 10,27

Heute ist internationaler Frauentag. Ein Kampftag und ein Gedenktag für die Gleichberechtigung zwischen Frauen und Männern. Vor über 100 Jahren ins Leben gerufen, haben Frauen angefangen, sich das Wahlrecht zu erkämpfen. Heutzutage haben Frauen und Männer in Deutschland dieselben Rechte, zumindest nach dem Grundgesetz. Obwohl sich in 100 Jahren viel getan hat, kann man auch hierzulande nicht von einer vollkommenen Gleichbehandlung sprechen. Darauf machen verschiedene Aktionen heute aufmerksam.

> Noch immer gibt es Ungerechtigkeit
> in unserer modernen Zeit.
> Noch immer schauen viele weg
> und denken, es hätte keinen Zweck.
> Noch immer gibt es Frauen,
> die sich selbst nicht trauen
> und unsre Stimmen brauchen.

1. SAMUEL 8,1–9

Donnerstag
09
MÄRZ

Mein Tag

Der HERR, dein Gott, ist bei dir gewesen. An nichts hast du Mangel gehabt.

5. MOSE 2,7

Jesus fragte seine Jünger: Als ich euch ausgesandt habe ohne Geldbeutel, ohne Tasche und ohne Schuhe, habt ihr je Mangel gehabt? Sie sprachen: Nein, keinen.

LUKAS 22,35

Was ich an Dir habe, Gott:
_____
_____
_____

1. SAMUEL 8,10–22

Mein Tag

Freitag
10
MÄRZ

Er, der Beschützer Israels, wird nicht müde und schläft nicht ein.
PSALM 121,4 GN

Alle eure Sorge werft auf ihn; denn er sorgt für euch.
1. PETRUS 5,7

To do:
Baue dir einen Kummerkasten.
Deine Sorgen rein – und Gott überlassen!

Komm und ruh dich aus,
lass die Gedanken langsam fliegen.
Komm und ruh dich aus bei mir.
Komm und ruh dich aus,
lass deine Sorgen bei mir liegen.
Komm und ruh dich aus bei mir.
JOHANNES FALK, DEUTSCHER SINGER-SONGWRITER

1. SAMUEL 9,1–13

Samstag 11 März

Mein Tag

Mose sprach: Siehe, ich lege euch heute vor den Segen und den Fluch: den Segen, wenn ihr gehorcht den Geboten des HERRN, eures Gottes, die ich euch heute gebiete; den Fluch aber, wenn ihr nicht gehorchen werdet den Geboten des HERRN, eures Gottes.

5. MOSE 11,26–28

Jesus spricht:
Wenn ihr meine Gebote haltet, bleibt ihr in meiner Liebe.

JOHANNES 15,10

Lieber Gott,
es gibt Leute, die wissen genau
was du magst
und was du willst
und was du denkst,
die wissen, wie man leben soll
und wie nicht.
Ich glaube ihnen nicht.
Ich glaube, du bist ganz anders.
Ich glaube, du hast das weiteste Herz,
das es gibt.
Ich glaube, du bist glücklich,
wenn Leute andere Leute glücklich machen.
So einfach, glaube ich, ist das.

Amen.

SUSANNE NIEMEYER

1. SAMUEL 9,14–27

Mein Tag

Sonntag
12
MÄRZ

Der HERR, dein Gott, wird dir Gelingen schenken bei allem, was du tust.

5. MOSE 30,9 BB

Die Wette der Brüder

Ein Vater erteilte seinen zwei Söhnen den Auftrag, das Brennholz für den Winter zu spalten. Bevor sich die Brüder an die Arbeit machten, schlossen sie untereinander folgende Wette ab: Sieger ist derjenige, welcher am Abend das meiste Holz gehackt habe. Der Ältere arbeitete verbissen, ohne Unterbrechung und sah zu seiner Freude, dass sein jüngerer Bruder jede Stunde eine Pause einlegte. Stolz sah er am Abend, dass er selbst einen ansehnlichen Stoß Scheite aufgetürmt hatte. Sich seines Sieges gewiss, ging er zu dem Jüngeren und traute kaum seinen Augen: »Wie kann es sein, dass du weitaus mehr geschafft hast als ich?«, fragte er verwundert. Der Sieger antwortete mit einem Lächeln: »Ich habe mich in den Pausen nicht nur ausgeruht, sondern auch jedes Mal meine Axt geschärft!«

Gott bringt euch dazu, dass ihr nicht nur so handeln wollt, wie es ihm gefällt. Er sorgt vielmehr dafür, dass ihr es auch könnt!

PHILIPPER 2,13 BB

Lass mich heute nicht verbissen meine Aufgaben erledigen, sondern Pausen machen und um Gelingen bitten.

Amen.

1. SAMUEL 10,1–12

Montag
13
MÄRZ

Mein Tag

Warum sollen die Heiden sagen:
Wo ist denn ihr Gott? Unser Gott ist
im Himmel; er kann schaffen,
was er will.
PSALM 115,2–3

Gott sieht nachsichtig über die
Zeiten hinweg, in denen die
Menschen ihn nicht gekannt haben.
Aber jetzt fordert er alle Menschen
an allen Orten auf, ihr Leben
zu ändern.
APOSTELGESCHICHTE 17,30 BB

Die besten Reformer, die die Welt je gesehen hat, sind die, die bei sich selbst anfangen.
GEORGE BERNARD SHAW

Herr, gib mir Kraft, Dinge zu tun, die ich ändern kann.
Gib mir Gelassenheit, Dinge hinzunehmen, die ich nicht ändern kann.
Und gib mir die Weisheit, das eine vom anderen zu unterscheiden!
REINHOLD NIEBUHR

1. SAMUEL 10,17–27

Mein Tag

Dienstag
14
MÄRZ

Ich komme, um Menschen aller Völker und Sprachen zu versammeln. Von überall strömen sie herbei und sehen meine Größe und Macht.

JESAJA 66,18 HFA

Denn so wie Gott einmal befahl: »Licht soll aus der Dunkelheit hervorbrechen!«, so hat sein Licht auch unsere Herzen erhellt. Jetzt erkennen wir klar, dass uns in Jesus Christus Gottes Herrlichkeit entgegenstrahlt.

2. KORINTHER 4,6 HFA

Wir wären uns vielleicht nie begegnet.
Aber Du, Jesus, leuchtest uns entgegen.
Wir sprechen nicht die gleiche Sprache.
Aber Du, Jesus, führst zusammen und baust Gemeinschaft.
Wir begegnen uns als Fremde.
Aber Du, Jesus, machst uns zu Geschwistern und schenkst Verbundenheit.

1. SAMUEL 12,1–5

Mittwoch 15 MÄRZ

Mein Tag

Mächtig waltet über uns seine Güte, und die Treue des HERRN währt in Ewigkeit. Halleluja.
PSALM 117,2

Gelobt sei Gott, der Vater unseres Herrn Jesus Christus, der Vater der Barmherzigkeit und Gott allen Trostes.
2. KORINTHER 1,3

To do:

Häng dein Herz an das, was schon ist und nicht nur an das, was noch sein könnte.

Könnt ich's irgend besser haben als bei dir, der allezeit
so viel tausend Gnadengaben für mich Armen hat bereit?
Könnt ich je getroster werden als bei dir, Herr Jesu Christ,
dem im Himmel und auf Erden alle Macht gegeben ist?
PHILIPP SPITTA

1. SAMUEL 12,13–25

Mein Tag

Donnerstag
16
MÄRZ

Er behütete sein Volk
wie seinen Augapfel.

5. MOSE 32,10

Gott ist Liebe; und wer in
der Liebe bleibt, der bleibt in Gott
und Gott in ihm.

1. JOHANNES 4,16

Gott verliert seine Freunde nicht aus den Augen.

DOMINIQUE LACORDAIRE

Allmächtiger, barmherziger Gott, du hast dir das Volk Israel zum Eigentum erwählt, und in ihm Jesus Christus Mensch werden lassen. Sieh an dein Volk; gib uns mit ihm deinen Frieden und lass einst alle Menschen dich ehren und loben als ein heiliges Volk.

AUS EINER LITURGIE ZUM ISRAELSONNTAG

1. SAMUEL 13,1–14

Mein Tag

Freitag
17
MÄRZ

HERR, deine Augen, sind sie nicht auf Treue gerichtet?
JEREMIA 5,3

Wer im Geringsten treu ist, der ist auch im Großen treu; und wer im Geringsten ungerecht ist, der ist auch im Großen ungerecht.
LUKAS 16,10

Lass mich auch im Kleinen nach deinem Willen fragen, damit große Kräfte in meinem Leben wirksam werden.

Amen.

1. SAMUEL 15,10–23

Mein Tag

Samstag
18
MÄRZ

Sie sind alle abgewichen und allesamt verdorben; da ist keiner, der Gutes tut, auch nicht einer.
PSALM 14,3

Wie eng ist die Pforte und wie schmal der Weg, der zum Leben führt, und wenige sind's, die ihn finden!
MATTHÄUS 7,14

Ständig müssen wir Entscheidungen treffen. Lass uns nicht egal sein, welche Konsequenzen sie mit sich bringen. Schenke uns Klugheit, damit wir abwägen können, welcher Weg der bessere ist. Lass ihn uns gehen, auch wenn es nicht der leichtere ist, auch wenn er beschwerlich und unangenehm für uns wird.

Amen.

1. SAMUEL 15,24–31A

Sonntag 19 MÄRZ

Mein Tag

Niemand ist so heilig wie du, denn du bist der einzige und wahre Gott.
1. SAMUEL 2,2 HFA

Der heilige Gott hat euch dazu berufen, ganz zu ihm zu gehören. Nach ihm richtet euer Leben aus!
1. PETRUS 1,15 HFA

Heute etwas anderes tun.
Etwas anderes hören.
Etwas anderes erzählen.
Etwas anders leben.
So wie du anders bist,
als alles was wir kennen.

Amen.

PSALM 22,1–12

Mein Tag

Montag 20 MÄRZ

Kommt nun, lasst uns wandeln im Licht des HERRN!
JESAJA 2,5

Jesus spricht: Ich bin das Licht der Welt. Wer mir nachfolgt, der wird nicht wandeln in der Finsternis, sondern wird das Licht des Lebens haben.
JOHANNES 8,12

Orientierung.

Im Dunkel die Ahnung von Ankunft.
Wege, wo es kohlrabenschwarz ist.
Licht im Tiefschwarz.
Eine gute Wahl, wo es undurchsichtig ist.
Eine helfende Hand in der Finsternis.
Aus dem Düstern gute Zukunft.

Lass es hell werden für die, die sich im Dunkeln nach einem Hoffnungsschimmer sehnen!

Amen.

PSALM 22,13–20

Dienstag

21

MÄRZ

Mein Tag

Der Mensch lebt nicht vom Brot allein, sondern von allem, was aus dem Mund des HERRN geht.

5. MOSE 8,3

Herr, wohin sollen wir gehen? Du hast Worte des ewigen Lebens.

JOHANNES 6,68

Wo das Wort bei mir ist, finde ich in der Fremde meinen Weg, im Unrecht mein Recht, in der Ungewissheit meinen Halt, in der Arbeit meine Kraft, im Leiden die Geduld.

DIETRICH BONHOEFFER

PSALM 22,21–27

Mein Tag

Mittwoch
22
MÄRZ

Ich will das Verlorene wieder suchen und das Verirrte zurückbringen und das Verwundete verbinden und das Schwache stärken.

HESEKIEL 34,16

Wenn der Hirte heimkommt, ruft er seine Freunde und Nachbarn und spricht zu ihnen: Freut euch mit mir; denn ich habe mein Schaf gefunden, das verloren war.

LUKAS 15,6

Gott, du wirst nicht müde uns zu suchen, wenn wir weglaufen und unsere Schuld verstecken. Deine Liebe lässt nicht nach. Tausende Schritte unternimmst du, um uns nachzugehen, und um uns zu finden noch viele mehr. Voller Wiedersehensfreude begegnest du uns und deine Sanftmut richtet uns auf.

Amen.

PSALM 22,28–32

Mein Tag

Donnerstag
23
MÄRZ

Du stillst das Brausen des Meeres und das Toben der Völker.
PSALM 65,8

Zacharias sprach: Der Gott Israels hat mit einem Eid versprochen, uns aus der Macht der Feinde zu befreien, damit wir keine Furcht mehr haben müssen und unser Leben lang ihm dienen können.
LUKAS 1,73–75

Manchmal ist Leben wie auf einem Floß mitten im Meer. Mitten im offenen Meer. Die Wellen schlagen hoch. Währenddessen wir noch dabei sind, das Floß zu bauen. Hin- und hergeworfen, erinnert uns dennoch dein Versprechen leise an die Hoffnung auf Ankunft. Und wir bauen weiter.

MATTHÄUS 26,1–5

Mein Tag

Freitag
24
MÄRZ

So spricht der HERR: Ich habe zu euch gesprochen, immer wieder mit Eifer gesprochen, ihr aber habt nicht auf mich gehört!
JEREMIA 35,14

Jesus spricht: Selig sind, die das Wort Gottes hören und bewahren.
LUKAS 11,28

To do:
Fünf Minuten hören. Nur hören.

Stille
bedeutet für mich
Menschsein und Gottsein
ins richtige Verhältnis zu bringen
nicht auf Menschen zu hören
sondern Gott zu folgen

MATTHÄUS 26,6–13

Samstag 25 März

Mein Tag

Geduld haben ist besser als ein Kriegsheld sein. Sich beherrschen ist besser als Städte erobern.
SPRÜCHE 16,32 BB

Selig sind, die Frieden stiften; denn sie werden Gottes Kinder heißen.
MATTHÄUS 5,9

Selbstbeherrschung ist der beste Weg, auch den Gegner zu entwaffnen.
MICHAEL JOSEF EISLER

Es segne uns der Gott des Friedens und der Gerechtigkeit. Er mache uns zu Friedensstiftern und zu Zeugen seiner Gerechtigkeit. Er öffne uns die Augen, damit wir sehen, was er sieht. Er bewahre uns vor gewalttätigem und geltungsbedürftigem Tun. Gott segne uns, er gebe uns ein starkes und geduldiges Herz.
EBERHARD RÖHRIG

MATTHÄUS 26,14–16

Mein Tag

Sonntag
26
MÄRZ

Salomo sprach bei der Einweihung des Tempels: Wirst du, Gott, wirklich auf der Erde wohnen?

1. KÖNIGE 8,27 HFA

In Jesus hat sich Gott
seinen Wunschtraum vom Menschen erfüllt.
Daher wirkt der Zimmermann aus Nazaret
maßgeblich für das Humane:
Denn er strahlt eine derart
einleuchtende Menschlichkeit aus,
dass sich darin Göttliches widerspiegelt.
Wie sich Jesus zeigte,
das sieht Gott ähnlich.

ANDREAS KNAPP

Kein Mensch hat jemals Gott gesehen. Doch sein einziger Sohn, der selbst Gott ist und in enger Gemeinschaft mit dem Vater lebt, hat ihn uns gezeigt.

JOHANNES 1,18 HFA

MATTHÄUS 26,17–25

Montag
27
MÄRZ

Mein Tag

Gott, wie dein Name, so ist auch dein Ruhm bis an der Welt Enden.
PSALM 48,11

Geht und predigt und sprecht: Das Himmelreich ist nahe herbeigekommen.
MATTHÄUS 10,7

Stichwort: Himmelreich

Der Ausdruck »Himmelreich« steht bei Matthäus anstelle von »Reich Gottes« bei Markus oder Lukas und bezeichnet den Herrschaftsbereich, in dem sich Gottes Willen durchsetzt.
KURZERKLÄRUNG DER BASISBIBEL

Mit unsichtbaren Flügeln,
mit Augen, die mehr leuchten
als jeder Heiligenschein,
mit Liebe im Herzen
und Leichtigkeit der Seele
will ich dein Bote sein,
dein Kämpfer für das Gute,
dein Helfer auf der Erde –
will ich dein Engel sein.

MATTHÄUS 26,26–30

Mein Tag

Dienstag
28
MÄRZ

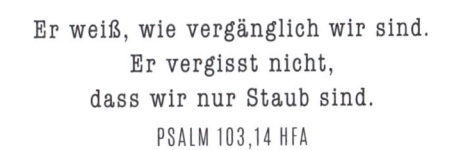

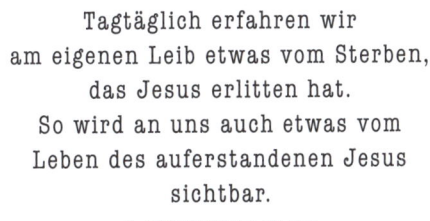

Er weiß, wie vergänglich wir sind.
Er vergisst nicht,
dass wir nur Staub sind.

PSALM 103,14 HFA

Tagtäglich erfahren wir
am eigenen Leib etwas vom Sterben,
das Jesus erlitten hat.
So wird an uns auch etwas vom
Leben des auferstandenen Jesus
sichtbar.

2. KORINTHER 4,10 HFA

In unser zerbrechliches Leben legst du deinen Schatz.
Auf unseren verstimmten Saiten machst du Musik.
Mit unseren hinkenden Füßen lädst uns zum Tanz.

MATTHÄUS 26,31–35

Mein Tag

Mittwoch
29
MÄRZ

Lobt den HERRN, alle Völker!
Rühmt ihn, ihr Nationen alle!
PSALM 117,1

Die Menschen sprachen
am Pfingsttag: Wir hören sie in
unsern Sprachen die großen Taten
Gottes verkünden.
APOSTELGESCHICHTE 2,11

Sende deinen Geist in unsere Mitte,
dass wir dich loben und verkünden,
indem wir über die Wunder deiner Welt staunen.
Wir fangen mit dem Morgenlicht an.
Danke, dass es immer wieder hell wird!

Amen.

MATTHÄUS 26,36–46

Mein Tag

Donnerstag
30
MÄRZ

Jedes Ereignis,
alles auf der Welt hat seine Zeit.
PREDIGER 3,1 HFA

Jesus nahm seine zwölf Jünger beiseite und sagte ihnen: »Wir gehen jetzt nach Jerusalem. Dort wird sich alles erfüllen, was die Propheten über den Menschensohn geschrieben haben.«
LUKAS 18,31 HFA

To think:
Wir wäre es mit einem Kalender ohne Dafür-habe-ich-jetzt-keine-Zeit-Tage?

Ich höre jetzt einen Moment auf mit allem, was ich tue.
Und lege meine Hände in den Schoß.
Offen für das, was du geben willst.

Amen.

MATTHÄUS 26,47–56

Freitag 31 MÄRZ

Mein Tag

Die Israeliten schrien zu dem HERRN, und der HERR erweckte ihnen einen Retter, der sie errettete.
RICHTER 3,9

Zacharias sprach: Gelobt sei der Herr, der Gott Israels! Denn er hat besucht und erlöst sein Volk.
LUKAS 1,68

Gottes Wege sind dunkel, aber das Dunkel liegt nur in unseren Augen, nicht auf seinen Wegen.
MATTHIAS CLAUDIUS

Manche meinen, du bist tot, Gott.
Und ich weiß nicht zu sagen,
was dich lebendig macht.
Komm meinem Zweifel entgegen
und zeige mir deine Spuren,
bevor sie durch Misstrauen versanden.

MATTHÄUS 26,57–68

April

04/23

Christus ist gestorben und lebendig geworden, um Herr zu sein über Tote und Lebende.

RÖMER 14,9

	03	10	17	24	MONTAG
	04	11	18	25	DIENSTAG
	05	12	19	26	MITTWOCH
	06	13	20	27	DONNERSTAG
	07	14	21	28	FREITAG
01	08	15	22	29	SAMSTAG
02	09	16	23	30	SONNTAG

… Mein Tag

Samstag
01
APRIL

Der HERR verstößt sein Volk nicht um seines großen Namens willen.
1. SAMUEL 12,22

Sind wir untreu, so bleibt er treu; denn er kann sich selbst nicht verleugnen.
2. TIMOTHEUS 2,13

Du bist treu, Herr, an jedem neuen Tag.
Du bist treu, Herr, auch wenn ich versag, bist du treu, Herr.
Unerschütterlich hält deine Treue mich, du bleibst mir treu.
TOBIAS GERSTER

MATTHÄUS 26,69–75

Mein Tag

Sonntag
02
APRIL
PALMSONNTAG

Ich will ihr Trauern in Freude verwandeln.
JEREMIA 31,13

Selig sind, die da Leid tragen; denn sie sollen getröstet werden.
MATTHÄUS 5,4

Der unbegreifliche Gott
Erfülle dein Leben mit seiner Kraft,

dass du entbehren kannst
ohne hart zu werden;

dass du leiden kannst,
ohne zu zerbrechen;

dass du Niederlagen hinnehmen kannst,
ohne dich aufzugeben;

dass du schuldig werden kannst,
ohne dich zu verachten;

dass du mit Unbeantwortbarem leben kannst,
ohne die Hoffnung preis zu geben.
SABINE NAEGELI

MATTHÄUS 27,1–10

Montag 03 APRIL

Mein Tag

Ich habe den HERRN allezeit vor Augen.
PSALM 16,8

Wir wollen den Blick auf Jesus richten, der uns auf dem Weg vertrauenden Glaubens vorangegangen ist und uns auch ans Ziel bringt. Er hat das Kreuz auf sich genommen und die Schande des Todes für nichts gehalten, weil eine so große Freude auf ihn wartete.
HEBRÄER 12,2 GN

Gott, schenke mir wache Augen, die Ausschau halten nach Dir und erwartungsfroh in die Zukunft blicken!

Amen.

MATTHÄUS 27,11–14

Mein Tag

Dienstag
04
APRIL

Fürchte dich nicht, liebes Land,
sondern sei fröhlich und getrost;
denn der HERR hat Großes getan.
JOEL 2,21

Aufgabe des Lebens,
seine Bestimmung ist Freude.
Freue dich über den Himmel,
über die Sonne,
über die Sterne,
über Gras und Bäume,
über die Tiere und die Menschen.
LEO TOLSTOI

Die ganze Menge der Jünger fing
an, mit Freuden Gott zu loben mit
lauter Stimme über alle Taten, die
sie gesehen hatten, und sprachen:
Gelobt sei, der da kommt, der König,
in dem Namen des Herrn!
LUKAS 19,37–38

Singet dem Herrn ein neues Lied.
Er ist in allem, was geschieht.
Singt wie der Baum, der einfach blüht.
Halleluja, halleluja.
DIETHARD ZILS

MATTHÄUS 27,15–26

Mittwoch
05
APRIL

Mein Tag

Der HERR liebt Gerechtigkeit und Recht.

PSALM 33,5

Ihr wisst ja, was unser Herr Jesus Christus in seiner Liebe für euch getan hat: Er war reich und wurde doch arm, um euch durch seine Armut reich zu machen.

2. KORINTHER 8,9 HFA

Keine wahre Liebe ohne Gerechtigkeit und keine wahre Gerechtigkeit ohne Liebe.

ADOLF KOLPING

Wärme unsere Herzen, dass wir deine Liebe spüren und weitergeben.
Öffne unsere Sinne, dass wir uns nach deiner Gerechtigkeit ausstrecken.
Lenke unser Handeln, dass wir Verantwortung übernehmen in deiner Welt.

Amen.

MATTHÄUS 27,27–31

Mein Tag

Donnerstag
06
APRIL

Nach dem Ende der Flut sprach Gott:
Solange die Erde steht,
soll nicht aufhören Saat und Ernte,
Frost und Hitze, Sommer und
Winter, Tag und Nacht.
1. MOSE 8,22

Stichwort: neuer Bund

Durch Tod und Auferstehung von Jesus Christus wird der Bund, den Gott mit Israel geschlossen hat, erneuert und auf die ganze Welt übertragen. Gottes Zusage, sich um sein Volk zu kümmern, gilt damit für alle Menschen, die an ihn glauben.
KURZERKLÄRUNG DER BASISBIBEL

Jesus nahm das Brot, dankte und brach's und gab's ihnen und sprach: Das ist mein Leib, der für euch gegeben wird; das tut zu meinem Gedächtnis. Desgleichen auch den Kelch nach dem Mahl und sprach: Dieser Kelch ist der neue Bund in meinem Blut, das für euch vergossen wird!
LUKAS 22,19–20

In einer Welt, in der mehr und mehr Menschen hungern, danke für das Brot.
In einer Welt, die vom Klimawandel bedroht ist, danke für die Jahreszeiten.
In einer Welt, in der viele einsam sind, danke für Gemeinschaft.
In einer Welt, in der die Trostlosigkeit wächst, danke für Jesus,
der sie nicht nur ein bisschen besser macht.

MATTHÄUS 27,32–44

Freitag 07
APRIL
KARFREITAG

Mein Tag

Schmecket und sehet,
wie freundlich der HERR ist.
Wohl dem, der auf ihn trauet!
PSALM 34,9

Einer der Übeltäter sprach:
Jesus, gedenke an mich, wenn du in
dein Reich kommst! Und Jesus
sprach zu ihm: Wahrlich, ich sage
dir: Heute wirst du mit mir im
Paradies sein.
LUKAS 23,42–43

To think:
Wie sieht dein Paradies aus?

Der Tod ist groß, sagt Rilke. Recht hat er.
Das sagt uns jeden Tag unsere Erfahrung.
Aber das Leben ist größer.
Das sagt uns unser Glaube.
GEORG SCHWIKART

MATTHÄUS 27,45–56

Mein Tag

Samstag
08
APRIL

Ich war in eine verzweifelte Lage geraten – wie jemand, der bis zum Hals in einer Grube voll Schlamm und Kot steckt! Aber er hat mich herausgezogen und auf festen Boden gestellt. Jetzt haben meine Füße wieder sicheren Halt.

PSALM 40,3 HFA

Christi Körper wurde am Kreuz getötet, der Geist Gottes aber erweckte ihn zu neuem Leben. So ist er auch zu den Geistern in die Totenwelt gegangen, um ihnen die Botschaft von seinem Sieg zu verkünden.

1. PETRUS 3,18–19 HFA

Dunkel scheinen mir die Tage und ich sehe oft kein Licht. Gott, erhöre meine Klage, sei uns nah, verlass uns nicht! Lass die Hoffnung in uns wachsen: Leben schafft sich wieder Raum. Und das Holz des Kreuzes Jesu wird für uns zum Lebensbaum.

RENATE SCHILLER

MATTHÄUS 27,57–66

Sonntag
09
APRIL
OSTERFEST

Mein Tag

Ich legte mich nieder und schlief.
Als ich erwachte, wusste ich: Der
HERR hält seine Hände über mich.
PSALM 3,6 BB

Früh am ersten Wochentag war
Jesus vom Tod auferstanden. Zuerst
zeigte er sich Maria aus Magdala,
die er von sieben Dämonen befreit
hatte. Sie machte sich auf den Weg
und erzählte es denen, die bei ihm
gewesen waren – und die jetzt
trauerten und weinten.
MARKUS 16,9 – 10 BB

Ostermorgen

Steht einer im Licht
des allererversten Tags
zum Aufbruch bereit
Sagt: Halt nichts fest
und in meinen Händen
keimt eine Erinnerung
an morgen
SUSANNE NIEMEYER

MATTHÄUS 28,1–10

Mein Tag

Montag
10
APRIL
OSTERMONTAG

Der HERR selbst wird für euch kämpfen, wartet ihr nur ruhig ab!
2. MOSE 14,14 HFA

Dank sei Gott! Er schenkt uns den Sieg durch Jesus Christus, unseren Herrn!
1. KORINTHER 15,57 HFA

Jesu Auferstehung zeigt, dass Gott Ja zu unserem Sterben sagt, aber Nein zu unserem ewigen Tod. Darum ist Ostern mein Freudentag.
KURT ROMMEL

MATTHÄUS 28,11–15

DIENSTAG
11
APRIL

Mein Tag

Der HERR ist deine Zuversicht.
PSALM 91,9

Weil wir Christus gehören und ihm dienen, müssen wir viel leiden, aber in ebenso reichem Maße erfahren wir auch seine Hilfe.
2. KORINTHER 1,5 HFA

Gott ist nicht gekommen, das Leiden zu unterbinden. Er ist nicht einmal gekommen, es zu erklären, sondern er ist gekommen, es mit seiner Gegenwart zu erfüllen.

PAUL CLAUDEL

Ich kann nicht von dir lassen, ich kann nicht von dir gehen.
Es fliehen Nacht und Schatten, welch Glück, dich anzusehen.
Ich kann nicht von dir fliehen, ich wüsste nicht wohin.
Ich weiß in deiner Nähe, dass ich am Leben bin.

LOTHAR KOSSE

MATTHÄUS 28,16–18

Mein Tag

Mittwoch
12
APRIL

Ich bin's, dessen Hände den Himmel ausgebreitet haben und der seinem ganzen Heer geboten hat.
JESAJA 45,12

Immer wieder
merkt jemand
hier oder dort:
Dich schickt der Himmel.

Jede gute Gabe und jedes vollkommene Geschenk kommt von oben, vom Vater der Himmelslichter, bei dem es keine Veränderung und nicht die Spur eines Wandels gibt.
JAKOBUS 1,17

Vielleicht lässt du doch Wunder regnen?

MATTHÄUS 28,19–20

Mein Tag

Donnerstag
13
APRIL

HERR, nach deiner großen Barmherzigkeit hast du mit deinem Volk nicht ein Ende gemacht noch es verlassen.
NEHEMIA 9,31

Jesus spricht:
Ich lebe, und ihr sollt auch leben.
JOHANNES 14,19

Wir sind schon wertvoll, einfach weil wir sind. Vielleicht heißt es deshalb im Englischen auch »human being« und nicht »human doing«.
SAMUEL KOCH

Ohne Wenn und Aber.
Heute einfach zulassen:
Gut, dass ich bin.

1. SAMUEL 16,1–7

Mein Tag

Freitag
14
APRIL

To think:
Ist der Tod nicht eigentlich nur die Angst vor dem Tod?

»Der Tag kommt«, sagt der HERR, »an dem ich aus der Nachkommenschaft Davids einen Mann berufe, der dem Namen Davids wieder Ehre macht. Er wird als König verständig und gerecht regieren, weil er sich an die Weisungen Gottes hält.«
JEREMIA 23,5 GN

Christus hat die Menschen befreit, die durch ihre Angst vor dem Tod das ganze Leben lang Sklaven gewesen sind.
HEBRÄER 2,15 GN

Gegen alles
was Angst macht
was gefangen hält
was bedrückt.
was niederschmettert
setz du Kraft in uns frei
um mehr zu hoffen
als menschenmöglich ist.

1. SAMUEL 16,8–13

Samstag 15 April

Mein Tag

Gott ist weise und mächtig;
wer stellte sich ihm entgegen und
blieb unversehrt?
HIOB 9,4

Du Mensch, wer bist du eigentlich,
dass du mit Gott streiten willst!
RÖMER 9,20 BB

Du wolltest Gott sein, obwohl du Mensch warst, und gingst so verloren.
Er wollte Mensch sein, obwohl er Gott war.
So schwer schlug dein menschlicher Stolz dich nieder,
dass nur die Demut eines Gottes dich wieder aufrichten konnte.
AUGUSTINUS

Du bringst meine Bequemlichkeit durcheinander, Herr,
erschütterst mein Selbstvertrauen,
lachst über meinen unangebrachten Stolz
und bringst zu Fall meine Pläne, Träume und Ambitionen.
Wenn dann alles verloren scheint,
richtest du alles wieder mit deiner ganzen Intelligenz und all deiner Liebe,
als hättest du, nichts anderes zu tun, Herr, Gott des Alls.
HÉLDER CÂMARA

1. SAMUEL 16,14–23

Mein Tag

Sonntag
16
APRIL

Betet den HERRN an, unseren Gott!
Fallt vor seinem Thron nieder, denn
er ist der heilige Gott!
PSALM 99,5 HFA

Was ist Beten?
Sich ansprechen lassen
und Antwort geben,
danken,
sich freuen,
fragen,
klagen,
schreien,
schweigen,
mitgehen,
Ja sagen in Worten,
in Zeichen,
in Taten
und in deinem ganzen Leben.
PHIL BOSMANS

Als die Apostel gebetet hatten, bebte die Erde an dem Ort, wo sie zusammengekommen waren. Sie wurden alle mit dem Heiligen Geist erfüllt und verkündeten furchtlos Gottes Botschaft.
APOSTELGESCHICHTE 4,31 HFA

1. SAMUEL 17,1–11

Montag
17
APRIL

Mein Tag

Auch wenn ihr weit von eurem Land entfernt seid, denkt an mich, euren HERRN, und vergesst Jerusalem nicht!
JEREMIA 51,50 HFA

Ihr seid nicht länger Fremde und Heimatlose; ihr gehört jetzt als Bürger zum Volk Gottes, ja sogar zu seiner Familie.
EPHESER 2,19 HFA

Ein Glaubender hat immer eine Heimat.
NELLY SACHS

Meine tiefe Sehnsucht nach Geborgenheit bringe ich vor dich. Wandle sie in Heimat: Herr, erbarme dich.
EUGEN ECKERT

1. SAMUEL 17,12–30

Mein Tag

Dienstag
18
APRIL

Der HERR, der König Israels, ist bei dir, dass du dich vor keinem Unheil mehr fürchten musst.
ZEFANJA 3,15

Gott hat uns nicht gegeben den Geist der Furcht, sondern der Kraft und der Liebe und der Besonnenheit.
2. TIMOTHEUS 1,7

Ängstlichkeit nimmt nicht dem Morgen seine Sorgen, aber dem Heute seine Kraft.
CHARLES HADDON SPURGEON

Herr, ich komme zu dir, und ich steh' vor dir, so wie ich bin.
Alles, was mich bewegt, lege ich vor dich hin.
Meine Sorgen sind dir nicht verborgen, du wirst sorgen für mich.
Voll Vertrauen will ich auf dich schauen. Herr, ich baue auf dich!
ALBERT FREY, LIEDERMACHER UND MUSIKPRODUZENT

1. SAMUEL 17,31–40

Mittwoch

19
APRIL

Mein Tag

Ich will euch retten,
dass ihr ein Segen sein sollt.
SACHARJA 8,13

Aus eigener Kraft sind wir dieser
Aufgabe nicht gewachsen;
es gibt nichts, was wir uns als
Verdienst anrechnen könnten.
Nein, unsere Befähigung verdanken
wir Gott.
2. KORINTHER 3,5 NGÜ

S tärken
E rmuntern
G uttun
E rfreuen
N eu beleben

Gott, du Quelle des Lebens,
du Atem unserer Sehnsucht,
du Urgrund alles Seins,
segne uns mit dem Licht deiner Gegenwart,
das unseren Ängsten standhält.
Segne uns, damit wir ein Segen sind und
mit zärtlichen Händen,
einem hörenden Herzen,
mit offenen Augen
und mutigen Schritten
dem Frieden den Weg bereiten.
KATJA SÜSS

1. SAMUEL 17,41–54

Mein Tag

Donnerstag
20
APRIL

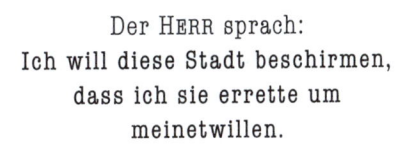

Der HERR sprach:
Ich will diese Stadt beschirmen,
dass ich sie errette um
meinetwillen.

2. KÖNIGE 19,34

Hab keine Angst, du kleine Herde!
Denn euer Vater hat beschlossen,
euch sein Reich zu schenken.

LUKAS 12,32 BB

Unter deinem Schirm: Ruhe finden.

Unter deinem Schirm: Atem schöpfen.

Unter deinem Schirm: Geborgen fühlen.

Unter deinem Schirm: _____

Unter deinem Schirm: _____

Unter deinem Schirm: _____

1. SAMUEL 17,55–18,5

Mein Tag

Freitag
21
APRIL

Du sollst nichts Falsches über deinen Nächsten sagen!
2. MOSE 20,16 BB

Ihr sollt stets ein gutes Wort haben, um jemanden zu stärken, wenn es nötig ist. Dann bringt dieses Wort denen Segen, die es hören.
EPHESER 4,29 BB

Achte auf deine Gedanken, denn sie werden Worte!
Achte auf deine Worte, denn sie werden Gewohnheiten!
Achte auf deine Gewohnheiten, denn sie werden Charakter!
Achte auf deinen Charakter, denn er wird dein Schicksal!
TALMUD

Gesprochenes hat eine gewaltige Kraft.
Es kann niedermachen oder aufbauen.
Angst machen oder Sicherheit geben.
Abtöten oder lebendig machen.
Lass uns verantwortlich mit dieser Kraft umgehen.

Amen.

1. SAMUEL 18,6–16

Mein Tag

Samstag
22
APRIL

HERR, lehre doch mich,
dass es ein Ende mit mir haben
muss und mein Leben ein Ziel hat
und ich davon muss.

PSALM 39,5

To think:
Würdest du heute etwas anders machen, wenn du wüsstest, wann du sterben wirst?

Wir wissen: Wenn unser irdisches Haus, diese Hütte, abgebrochen wird, so haben wir einen Bau, von Gott erbaut, ein Haus, nicht mit Händen gemacht, das ewig ist im Himmel.

2. KORINTHER 5,1

Gehen kann ich schon,
zumindest bis an meine Grenzen.

Aber wenn ich weiter will,
dann, Gott, brauche ich dich.

Für die Schritte ohne festen Boden
schenke mir Mut und Vertrauen.

Dann schaffe ich vielleicht den Weg,
zum Anderen,
in die neue Zeit,
an meinen neuen Ort,
zu dir.

1. SAMUEL 19,1–7

Sonntag 23 April

Mein Tag

Meinst du, dass sich jemand so heimlich verbergen könne, dass ich ihn nicht sehe?, spricht der HERR. Bin ich es nicht, der Himmel und Erde erfüllt?

JEREMIA 23,24

Kein Geschöpf bleibt vor Gott verborgen. Nackt und bloß liegt alles offen vor den Augen dessen, dem wir Rechenschaft schuldig sind.

HEBRÄER 4,13 BB

Auf der Bank

Zwei Männer sitzen auf einer Bank im Park. Fragt der eine: »Wenn du Gott eine Frage stellen könntest, was würdest du ihn fragen?« Sagt der andere: »Warum Gott all das Leid auf der Welt zulässt.« Darauf der Erste: »Und warum machst du es nicht?« – »Weil ich Angst habe, dass er mich das Gleiche fragt!«

1. SAMUEL 19,8–17

Mein Tag

Montag
24
APRIL

Meine Seele wartet auf den Herrn mehr als die Wächter auf den Morgen.
PSALM 130,6

Glückserfüllung

Die Hoffenden genießen schon gegenwärtig das Glück der zukünftigen Erfüllung, von der Hoffnungslose nicht einmal ahnen, dass sie kommen wird.

Denn Hoffende sind bereits zu Beginn so zuversichtlich, wie es sich vom guten Ende her als begründet erweist.

Wer nicht hofft, der hat sich im Fall des guten Ausgangs um die Hoffnung auf das Glück gebracht, in jedem Fall aber um das Glück der Hoffnung.
HANS-JOACHIM ECKSTEIN

Bewahrt euch in der Liebe Gottes und wartet auf die Barmherzigkeit unseres Herrn Jesus Christus zum ewigen Leben.
JUDAS 21

1. SAMUEL 20,1–9

Dienstag
25
APRIL

Mein Tag

In der Finsternis erstrahlt den Aufrichtigen ein Licht, gnädig, barmherzig und gerecht.
PSALM 112,4

Was wir jetzt leiden müssen, dauert nicht lange. Es ist leicht zu ertragen und bringt uns eine unendliche, unvorstellbare Herrlichkeit. Deshalb lassen wir uns von dem, was uns zurzeit so sichtbar bedrängt, nicht ablenken, sondern wir richten unseren Blick auf das, was jetzt noch unsichtbar ist.
2. KORINTHER 4,17–18 HFA

Hoffnung beginnt in der Dunkelheit. Die störrische Hoffnung, dass wenn wir da sind und das Richtige tun, die Dämmerung kommen wird. Wir warten und gucken hin und tun was – wir geben nicht auf.
ANNE LAMOTT

Schritte im Dunkeln, wir tappen voran: Die Hand vor den Augen, die sehen wir nicht.
Wir wissen nicht weiter und denken daran, dass Gottes Wort uns Erleuchtung verspricht.
Sein Licht geht auf, in den dunkelsten Stunden ein freundlicher Schein.
Sein Licht geht auf, sein Licht geht auf und leuchtet ins Dunkel hinein.
CHRISTOPH ZEHENDNER

1. SAMUEL 20,10–23

Mein Tag

Mittwoch
26
APRIL

Man wird wieder hören den Jubel der Freude und Wonne, die Stimme des Bräutigams und der Braut und die Stimme derer, die da sagen: »Danket dem HERRN Zebaoth; denn der HERR ist freundlich, und seine Güte währet ewiglich.«
JEREMIA 33,11

To think:
Was, wenn du geliebt bist, wie du bist?

Es ist erschienen die heilsame Gnade Gottes allen Menschen.
TITUS 2,11

Durch deine Gnade bin ich, was ich bin.
Doch ich möchte stärker, mutiger, schöner, klüger sein, als ich bin.
Ich sehe meine Unzulänglichkeiten und mein Scheitern.
Dann kann ich deine Gnade nur schwer ertragen.
Und leide an meiner eigenen Gnadenlosigkeit.
Schreibe mir umso mehr Gnade um Gnade ins Herz,
um zu vertreiben, was mich ungnädig mit mir selbst sein lässt.

1. SAMUEL 20,24–34

Donnerstag 27
APRIL

Mein Tag

Ich habe dich geschaffen, du bist
mein Knecht und gehörst zu mir.
Darum werde ich dich
niemals vergessen.

JESAJA 44,21 BB

Hat Gott etwa sein Volk verstoßen?
Auf keinen Fall!

RÖMER 11,1 BB

Stichwort: Knecht

Im Deutschen klingt »Knecht« altertümlich und beschreibt ein Abhängigkeitsverhältnis. Der Begriff wird im Alten Testament aber als Ehrentitel gebraucht für Menschen, die Gott in den Dienst nimmt und die ihr ganzes Vertrauen auf Gott als ihren Herrn setzen.

KURZERKLÄRUNG DER BASISBIBEL

Du bist mir fremd geworden, Herr.
Wenn ich bete, ist es, als spräche ich in einen leeren Raum.
Ich erwarte keine Hochstimmung des Gefühls,
aber erweise dich mir als lebendiger Gott.
Herr, ich kann nicht ertragen, dass du so fern bist,
denn dann wird alles fragwürdig,
dann scheine ich an eine Fantasie zu glauben.
Herr, sei mir wieder nahe, ich kann so nicht leben.
Hilf mir.

1. SAMUEL 20,35–21,1

Mein Tag

Freitag 28 APRIL

Wer eine Rüstung anlegt, soll nicht so stolz daherreden wie der, der sie bereits abgelegt hat!
1. KÖNIGE 20,11 BB

Erneuert euch in eurem Geist und Sinn.
EPHESER 4,23

Ich glaube an Gott, der die Liebe ist
und der die Erde allen Menschen geschenkt hat.
Ich glaube nicht an das Recht des Stärkeren,
an die Stärke der Waffen,
an die Macht der Unterdrückung.
Ich glaube an Jesus Christus,
der gekommen ist, uns zu heilen,
und der uns aus allen tödlichen Abhängigkeiten befreit.
Ich glaube nicht, dass Kriege unvermeidbar sind,
dass Friede unerreichbar ist.
Ich glaube nicht, dass Leiden umsonst sein muss,
dass der Tod das Ende ist,
dass Gott die Zerstörung der Erde gewollt hat.
Ich glaube, dass Gott für die Welt eine Ordnung will,
die auf Gerechtigkeit und Liebe gründet,
und dass alle Männer und Frauen gleichberechtigte Menschen sind.
Ich glaube an Gottes Verheißung eines neuen Himmels und einer neuen Erde,
wo Gerechtigkeit und Frieden sich küssen.
Ich glaube an die Schönheit des Einfachen,
an die Liebe mit offenen Händen, an den Frieden auf Erden.

Amen.
VOLLVERSAMMLUNG DES ÖKUMENISCHEN RATS DER KIRCHEN, SEOUL 1990

1. SAMUEL 23,14–28

Samstag 29 April

Mein Tag

Verbeuge dich vor dem HERRN, deinem Gott, und freu dich über all das Gute, dass der HERR, dein Gott, dir schenkt, dir und allen, die zu dir gehören!

5. MOSE 26,10–11 BB

Gib denjenigen, die in dieser Welt reich sind, die Anweisung, nicht überheblich zu sein. Sie sollen ihre Hoffnung nicht auf etwas so Unsicheres wie Reichtum setzen, sondern auf Gott. Er gibt uns alles in reichem Maß, und wir dürfen es genießen. Die Reichen sollen Gutes tun, großzügig sein mit guten Werken, freigebig und bereit, mit anderen zu teilen.

1. TIMOTHEUS 6,17–18 BB

To do:

Wie wäre es mit einer Woche ohne Einkaufen außer frische Lebensmittel? Finde heraus, was du wirklich brauchst. Kommst du auch mit weniger aus?

Gott, du schenkst mir aus deiner Fülle.
Überreich und überschwänglich.
Mehr als ich für mich selbst brauche.
So großzügig möchte ich auch sein.

Amen.

1. SAMUEL 24,1–8A

Mein Tag

Sonntag
30
APRIL

Als Jakob von seinem Schlaf aufwachte, sprach er: Fürwahr, der HERR ist an dieser Stätte, und ich wusste es nicht!

1. MOSE 28,16

Die Jünger sprachen: Brannte nicht unser Herz in uns, da er mit uns redete auf dem Wege und uns die Schrift öffnete?

LUKAS 24,32

Der durch verschlossne Türen geht, wenn er den Frieden bringt,
dem Zweifelnden vor Augen steht und alle Angst bezwingt,
der kann auch heut den Seinen nahn, wenn sie ihn gleich nicht sehn;
sein freundlich Auge blickt sie an, das Herz kann's wohl verstehn.

NIKOLAUS LUDWIG VON ZINZENDORF

1. SAMUEL 24,8B–23

05/23

Mai

Weigere dich nicht, dem Bedürftigen Gutes zu tun, wenn deine Hand es vermag.

SPRÜCHE 3,27

MONTAG	01	08	15	22	29
DIENSTAG	02	09	16	23	30
MITTWOCH	03	10	17	24	31
DONNERSTAG	04	11	18	25	
FREITAG	05	12	19	26	
SAMSTAG	06	13	20	27	
SONNTAG	07	14	21	28	

Mein Tag

Montag
01
MAI

Wie groß sind Gottes Zeichen und wie mächtig seine Wunder! Sein Reich ist ein ewiges Reich, und seine Herrschaft währet für und für.
DANIEL 3,33

Weil wir ein Reich empfangen, das nicht erschüttert wird, lasst uns dankbar sein und so Gott dienen.
HEBRÄER 12,28

D enkwürdiges
A temberaubendes
N ebensächliches
K ostbares
E inzigartiges

2. SAMUEL 1,1–4.11–12

Dienstag
02
MAI

Mein Tag

Der HERR, der gütig ist, wolle gnädig sein allen, die ihr Herz darauf richten, Gott zu suchen.
2. CHRONIK 30,18–19

Jesus spricht: Ich bin nicht gekommen, Gerechte zu rufen, sondern Sünder.
MARKUS 2,17

Wir wissen von keinem sonst, der im Namen Gottes nicht die Gottlosen fromm und die Frommen frömmer machen wollte, sondern stattdessen zu den Zöllnern und Sündern ging und ihnen sagte: Gott ist da für euch.
ERNST KÄSEMANN

Barmherziger Gott,
Du machst keinen Halt vor unserer Schwäche.
Du suchst uns. Gerade dann, wenn wir uns verloren fühlen.
Du vergibst gern und begegnest uns voller Güte.

Amen.

2. SAMUEL 5,1–12

Mein Tag

Mittwoch
03
MAI

Ihr sollt heilig sein, denn ich bin heilig, der HERR, euer Gott.
3. MOSE 19,2

Ein Lobpreis seiner Herrlichkeit sollen wir sein – wir alle, die wir durch Christus von Hoffnung erfüllt sind!
EPHESER 1,12

Es gibt die unbekannte Heiligkeit des täglichen Lebens.
JOHANNES PAUL II.

Ich will dich loben für alles, was mir heilig ist:

_____

_____

_____

2. SAMUEL 6,1–15

Donnerstag
04
MAI

Mein Tag

Meine Zunge soll singen
von deinem Wort; denn alle deine
Gebote sind gerecht.
PSALM 119,172

Ich schäme mich des Evangeliums
nicht; denn es ist eine Kraft Gottes,
die selig macht alle, die glauben.
RÖMER 1,16

Wow! Gibt es besseren Content als deinen?
Lass mich deine Reichweite vergrößern und teilen,
was du mir bedeutest!

Amen.

2. SAMUEL 6,16–23

Mein Tag

Freitag 05 MAI

> Ich will die Sünde jenes Landes wegnehmen an einem einzigen Tag.
> SACHARJA 3,9

> Jesus Christus ist die Versöhnung für unsre Sünden, nicht allein aber für die unseren, sondern auch für die der ganzen Welt.
> 1. JOHANNES 2,2

Good to know:

Gott muss nach biblischem Verständnis nicht von Menschen durch Opfer oder Leistungen »versöhnt« werden. Vielmehr ist er es, der die schuldig gewordenen Menschen mit sich versöhnt. Gott tut dies durch die Stiftung des Opferdienstes, durch den diese Versöhnung wirksam werden kann. Nach dem Vorbild alttestamentlicher Sühnehandlungen versteht das Neue Testament den Tod von Jesus als ein Opfer, das ein für alle Mal die Schuld der Menschen gesühnt hat.

> Aus dunkler Gottesferne
> ins Licht der Gottesnähe,
> durch himmelweite Liebe,
> die niemand sich verdiente.
>
> Durch Sünde einst verloren,
> durch Gnade nun gefunden.
> In dir ist neues Leben,
> die Vollmacht, zu vergeben.
> SAM SAMBA, SINGER-SONGWRITER

2. SAMUEL 7,1–16

Mein Tag

Samstag
06
MAI

In meiner Not rufe ich zum HERRN,
zu meinem Gott schreie ich.
Er hört meine Stimme.
PSALM 18,7 ZB

Jesus lag schlafend hinten
im Boot auf dem Kissen. Und sie
wecken ihn und sagen zu ihm:
Meister, kümmert es dich nicht,
dass wir untergehen?
MARKUS 4,38 ZB

Menschen in Not
setzen Hilferufe ab.
Auch an dich.
Doch warum scheint manchmal
die Verbindung
irgendwie unterbrochen?

2. SAMUEL 7,17–29

Mein Tag

Sonntag 07 MAI

O Herr, mach mich zu einem Werkzeug deines Friedens,
dass ich Liebe übe, wo man sich hasst,
dass ich verzeihe, wo man sich beleidigt,
dass ich verbinde, da, wo Streit ist,
dass ich die Wahrheit sage,
wo der Irrtum herrscht,
dass ich den Glauben bringe,
wo der Zweifel drückt,
dass ich die Hoffnung wecke,
wo Verzweiflung quält,
dass ich ein Licht anzünde,
wo die Finsternis regiert,
dass ich Freude mache,
wo der Kummer wohnt.

AUS DER NORMANDIE

Wenn dein Feind hungert, schenk ihm ein Stück Brot! Wenn er Durst hat, gib ihm einen Schluck Wasser! So legst du glühende Kohlen in das Kohlebecken, das er zum Zeichen der Reue auf dem Kopf trägt. Der HERR wird dich dafür belohnen.

SPRÜCHE 25,21–22 BB

Liebt eure Feinde. Tut Gutes und verleiht, ohne etwas dafür zu erhoffen. Dann werdet ihr großen Lohn erhalten und Kinder des Höchsten sein. Denn Gott selbst ist gut zu den undankbaren und schlechten Menschen.

LUKAS 6,35 BB

2. SAMUEL 9,1–13

Montag 08 MAI

Mein Tag

Gott sprach zu Mose:
Ich werde sein, der ich sein werde.
2. MOSE 3,14

Wenn Gott für uns ist,
wer kann dann gegen uns sein?
RÖMER 8,31 HFA

»Ich werde sein, der ich sein werde« ist ein Name für die Zukunft. Für das Kommende. Für alles, was noch aussteht, nicht erreicht ist, nicht erlebt und verstanden. Mit diesem Namen verbindet sich alles Künftige. Das Verheißungsvolle. Unsere Erzählgemeinschaft verspricht nicht ein gutes Ende, sie verspricht Gutes ohne Ende. Neues Land. Neues Leben. Die Aussicht ist die Weite. Ein neuer Horizont. Messianisch. Noch nicht. Die Zukunft ist frei, nach vorne offen. In diesem Namen können wir uns bergen. Mit allem, was war. Mit allem, was ist. Mit allem, was kommt.

CHRISTINA BRUDERECK

2. SAMUEL 11,1–13

Mein Tag

Dienstag
09
MAI

Der Gott des Himmels wird ein Reich aufrichten, das nimmermehr zerstört wird.
DANIEL 2,44

Jesus spricht zu den Jüngern: Ich übergebe euch, wie der Vater mir, das Reich, damit ihr in meinem Reich an meinem Tisch esst und trinkt.
LUKAS 22,29–30

To do:
Lass dich heute – immer wenn du dich an einen Tisch setzt – an die Perspektive Ewigkeit erinnern!

Dein ist das Reich und die Kraft und die Herrlichkeit in Ewigkeit.
Amen.

2. SAMUEL 11,14–27

Mittwoch 10
MAI

Mein Tag

Ist mein Arm denn zu kurz,
dass er nicht erlösen kann?
Oder habe ich keine Kraft,
zu erretten?
JESAJA 50,2

Ein Aussätziger kam heran und
fiel vor Jesus nieder und sprach:
Herr, wenn du willst,
kannst du mich reinigen.
MATTHÄUS 8,2

To think:
Was berührt dich?
Wovon lässt du dich berühren?

Hautnah will ich dich erleben, Jesus, hautnah! Nicht nur kluge Worte
von dir hören, nicht nur gute Worte mit nach Hause nehmen,
nicht nur erhellenden Gedanken nachdenken. Das alles auch.
Aber vor allem: Hautnah will ich dich erleben!
DIEDRICH ONNEN

2. SAMUEL 12,1–12

Mein Tag

Donnerstag
11
MAI

> So spricht der HERR:
> Wie wenn sich Saft in der Traube findet und man sagt: Verdirb sie nicht, denn es ist ein Segen darin!, so werde ich um meiner Diener willen handeln, dass ich nicht das Ganze verderbe.
>
> JESAJA 65,8 ZB

Gottes Liebe sucht nicht das Liebenswerte, sondern sie schafft es.

MARTIN LUTHER

> Gott hat den Sohn nicht in die Welt gesandt, damit er sie verurteilt. Vielmehr soll er die Welt retten.
>
> JOHANNES 3,17 BB

Gott, wir kommen vor dich,
inmitten all dessen,
was uns täglich in Atem hält,
voller Durst nach Leben.
Erfrische uns mit deiner Gegenwart.
Erneuere deine Energien in uns.
Reinige uns von allem,
was dein Ebenbild in uns verzerrt.
Das bitten wir durch Jesus Christus.

Amen.

SINFONIA OECUMENICA

2. SAMUEL 12,13–25

Freitag
12
MAI

Mein Tag

Sie werden weinend kommen,
aber ich will sie trösten und leiten.
Ich will sie zu Wasserbächen führen
auf ebenem Wege, auf dem sie
nicht straucheln; denn ich bin
Israels Vater.
JEREMIA 31,9

Ihr seid jetzt traurig; doch ich
werde wieder zu euch kommen.
Dann wird euer Herz voll Freude
sein, und diese Freude kann euch
niemand mehr nehmen.
JOHANNES 16,22 NGÜ

Alles neu

Ich erkläre meinem Herz den Mai
Meine Zuversicht halte sich
an den Löwenzahn
Komme, was wolle
Ich bin nicht gut in Botanik
deshalb lasse ich mich überraschen
Irgendein Entzücken
wird grünen
SUSANNE NIEMEYER

2. SAMUEL 15,1–12

Mein Tag

Samstag 13 MAI

Ich bin bei dir, dass ich dir helfe und dich errette, spricht der HERR.
JEREMIA 15,20

Lasst uns voller Zuversicht vor den Thron unseres gnädigen Gottes treten. So können wir Barmherzigkeit empfangen und Gnade finden. Und so werden wir zur rechten Zeit Hilfe bekommen.
HEBRÄER 4,16 BB

Wenn du dich umdrehst, wird aus jedem Gegenwind Rückenwind. Du musst nicht mehr kämpfen, sondern wirst getragen.

Wir danken dir, dass du uns wieder aufrichtest, wenn wir am Boden liegen, dass du uns in unserem Kummer tröstest und beharrlich auf unsere Umkehr wartest, wenn wir uns von dir entfernen. Gib uns solchen Glauben, dass wir demütig sagen können: Dein Wille geschehe.
CHRISTINNEN AUS POLEN

2. SAMUEL 15,13–16

Sonntag 14 MAI

Mein Tag

Daniel sprach: Mein Gott hat seinen Engel gesandt, der den Löwen den Rachen zugehalten hat, sodass sie mir kein Leid antun konnten.
DANIEL 6,23

Jesus spricht: Meine Schafe hören meine Stimme, und ich kenne sie und sie folgen mir; und niemand wird sie aus meiner Hand reißen.
JOHANNES 10,27.28

Dein Schutz,
der rettet.
der stärkt.
Deine Fürsorge,
die nach uns ruft.
die sich treu an uns bindet
Dein Beistand,
der wohltut.
der hält.

2. SAMUEL 18,1–8

Mein Tag

Montag
15
MAI

Die er aus den Ländern zusammengebracht hat von Osten und Westen, von Norden und Süden: Die sollen dem HERRN danken für seine Güte und für seine Wunder, die er an den Menschenkindern tut.
PSALM 107,3.8

Viele werden kommen von Osten und von Westen und mit Abraham und Isaak und Jakob im Himmelreich zu Tisch sitzen.
MATTHÄUS 8,11

Aus vielen Körnern ist ein Brot geworden: So führ auch uns, o Herr, aus allen Orten
zu einer Kirche durch dein Wort zusammen in Jesu Namen.
MARIA LUISE THURMAIR

2. SAMUEL 18,9–18

Dienstag 16
MAI

Mein Tag

Die da sitzen mussten in Finsternis und Dunkel, gefangen in Zwang und Eisen, die dann zum HERRN riefen in ihrer Not und er half ihnen aus ihren Ängsten: Die sollen dem HERRN danken für seine Güte und für seine Wunder, die er an den Menschenkindern tut.
PSALM 107,10.13.15

To think:
»Auge um Auge« hinterlässt nur Blinde. Um Gerechtigkeit zu erreichen, ist Gewalt unbrauchbar.

Glückselig sind die, die verfolgt werden, weil sie für Gottes Gerechtigkeit eintreten. Denn ihnen gehört das Himmelreich.
MATTHÄUS 5,10 BB

Himmlischer Vater, wir schlafen mit einem offenen Auge und wachen voller Sorge, denn Gewalt und Konflikt werden zu unwillkommenen Besuchern. Politik und Religion werden benutzt, um Gewalt auszuüben. Armut, Krankheit und Unsicherheit plagen unser Land. Gewähre unserer zerbrochenen und leidenden Welt Frieden — einen Frieden, der die Frucht von Gerechtigkeit ist.
IGNATIUS KAIGAMA, NIGERIA

2. SAMUEL 19,1–9A

Mein Tag

Mittwoch
17
MAI

HERR, bestrafe mich nicht in deinem Zorn, weise mich nicht zurecht, solange du aufgebracht bist.

PSALM 6,2 NGÜ

Seine Gerechtigkeit gegen mich hätte ich begriffen, seine übermäßige Liebe ist unbegreiflich.

STEFAN ANDRES

Gott hat uns dazu bestimmt, durch Jesus Christus, unseren Herrn, gerettet zu werden, und nicht dazu, im Gericht verurteilt zu werden. Christus ist ja für uns gestorben.

1. THESSALONICHER 5,9–10 NGÜ

Ich weiß, was ich falsch gemacht habe, Gott.
Bist du da und zeigst mir, wie es wieder gut werden kann?
Lass mich darauf vertrauen.

Amen.

2. SAMUEL 22,1–7.29–31

Donnerstag
18
MAI

CHRISTI HIMMELFAHRT

Mein Tag

Der Mensch macht viele Pläne,
aber es geschieht,
was der HERR will.

SPRÜCHE 19,21 HFA

Bei der Gelegenheit fragten sie Jesus: »Herr, ist jetzt die Zeit gekommen, in der du Israel wieder zu einem freien und mächtigen Reich machst?« Darauf antwortete Jesus: »Die Zeit dafür hat allein Gott, der Vater, in seiner Macht bestimmt. Euch steht es nicht zu, das zu wissen. Aber ihr werdet den Heiligen Geist empfangen und durch seine Kraft meine Zeugen sein in Jerusalem und ganz Judäa, in Samarien und überall auf der Erde.«

APOSTELGESCHICHTE 1,6–9 HFA

Gott hat nur einen Gedanken, einen Willen, eine Meinung, ein Ziel: dass wir alle zu ihm kommen.

HERMANN BEZZEL

PSALM 89,2–9

Mein Tag

Freitag 19 MAI

> Jeder in dieser Versammlung soll wissen, dass der HERR nicht durch Schwert und Speer rettet.
> 1. SAMUEL 17,47 ZB

Gewalt bringt vergängliche Siege; Gewalt hat mehr soziale Probleme zur Folge, als sie löst, und schafft niemals einen dauerhaften Frieden.
MARTIN LUTHER KING, AMERIKANISCHER BÜRGERRECHTLER UND BAPTISTENPASTOR

> Wenn ihr in ein Haus kommt, sprecht zuerst: Friede sei diesem Hause!
> LUKAS 10,5

Schenke uns deine Gnade, damit wir nicht von Trägheit, Gleichgültigkeit oder Furcht besiegt werden. Lass uns hellwach einstehen für Frieden. Gib uns den festen Willen und die Stärke, den Weg des Friedens ausfindig zu machen und ihm zu folgen. Lass uns beitragen zu einer friedfertigen Stimmung in unseren Häusern und auf unseren Plätzen.
ABBA PETROS BERGA, ÄTHIOPIEN

SPRÜCHE 1,7–9

Mein Tag

Samstag
20
MAI

Ich ließ mich suchen von denen,
die nicht nach mir fragten,
ich ließ mich finden von denen,
die mich nicht suchten.
JESAJA 65,1

Viele, die die Ersten sind,
werden die Letzten und die Letzten
werden die Ersten sein.
MATTHÄUS 19,30

Gott, du drehst die Maßstäbe dieser Welt um!
Du verrückst unsere Vorstellungen und
schenkst neue Perspektiven.
Zeig mir, was für dich wertvoll ist,
damit ich nicht achtlos bin!

Amen.

SPRÜCHE 2,1–8

Mein Tag

Sonntag
21
MAI

Erfreue mich wieder mit deiner Hilfe, und mit einem willigen Geist rüste mich aus.
PSALM 51,14

Leidet jemand unter euch, der bete; ist jemand guten Mutes, der singe Psalmen.
JAKOBUS 5,13

Top five:

Beten bedeutet für mich...

1. Gottes Gesellschaft suchen
2. Stehenbleiben vor lauter Staunen
3. Mich vom Stillsein unterbrechen lassen
4. Gottes Größe erkennen
5. Orientierung finden

Meine Top five:

_____
_____
_____
_____
_____

Geist des Lichtes: Lass deine Wahrheit auf uns scheinen.
Geist der Stille: Bringe uns Gottes Gegenwart zu Bewusstsein.
Geist des Mutes: Vertreibe die Angst aus unseren Herzen.
Geist der Freude: Beflügele uns, die gute Nachricht zu verkünden.
HENGRAVE-GEMEINSCHAFT, ENGLAND

SPRÜCHE 2,9–15

Mein Tag

Montag
22
MAI

Ich empfehle allen, das Leben zu genießen, denn es gibt für den Menschen nichts Besseres auf der Welt, als zu essen und zu trinken und fröhlich zu sein. Das wird ihn bei seiner Mühe begleiten das kurze Leben hindurch, das Gott ihm gegeben hat.
PREDIGER 8,15 HFA

F eiern
R eisen
E ssen
U marmen
D a sein
E ntdecken

Freut euch zu jeder Zeit, dass ihr zum Herrn gehört.
PHILIPPER 4,4 HFA

Gesegnet bist du vor all deinem Tun. Lass dir das Gute zusprechen im Genießen des Lebens, der Zärtlichkeit, des Mitgefühls, des Staunens, der Sensibilität. Genieße die alltäglichen Wunder, so wirst auch du zum Segen für viele.
PIERRE STUTZ

SPRÜCHE 3,1–4

Mein Tag

Dienstag
23
MAI

So haltet die Gebote und handelt danach, wie der HERR, euer Gott, es euch geboten hat, und weicht nicht davon ab nach rechts oder links.

5. MOSE 5,32 ZB

Jesus sprach: »Du sollst den Herrn, deinen Gott, lieben von ganzem Herzen, von ganzer Seele und von ganzem Gemüt.« Dies ist das höchste und erste Gebot. Das andere aber ist dem gleich: »Du sollst deinen Nächsten lieben wie dich selbst.«

MATTHÄUS 22,37–39

Lass mich der Liebe folgen. Lass mich verschwenderisch mit ihr umgehen. Lass sie mich unterwegs verstreuen wie Konfetti und teilen mit allen, die mir begegnen. Lass mich erleben, dass Liebe nicht weniger wird, wenn ich sie verschenke.

Amen.

SPRÜCHE 3,5–8

Mein Tag

Mittwoch
24
MAI

Wenn mein Geist in Ängsten ist,
so kennst du doch meinen Pfad.
PSALM 142,4

Kommt her zu mir, alle,
die ihr mühselig und beladen seid;
ich will euch erquicken.
MATTHÄUS 11,28

Gott hilft uns nicht immer am Leiden vorbei, aber er hilft uns hindurch.

JOHANN ALBRECHT BENGEL,
THEOLOGE IM 18. JH.

Es ist nicht immer leicht, an Dich zu glauben,
wenn man all das Elend der Welt sieht.
Es ist nicht immer leicht, an Dich zu glauben,
wo doch tagtäglich so viel Schreckliches geschieht.
Kinder sterben in Kriegen der Sinnlosigkeit,
Armut und Hoffnungslosigkeit macht sich in vielen Ländern breit.
Menschen verzweifeln, sehen keinen Sinn in ihrem Leben,
doch wie soll man ihnen den Mut zurückgeben?
Den Mut, an Dich zu glauben und an ein Leben nach dem Tod,
wo es eine Sache nicht mehr geben wird – die Not!
LYDIA RÖDER

SPRÜCHE 3,13–26

Mein Tag

Donnerstag
25
MAI

Zu Bethlehem im Gebiet der Sippe Efrat sagt der HERR: »Du bist zwar eine der kleinsten Städte Judas, doch aus dir kommt der Mann, der das Volk Israel in meinem Namen führen wird. Sein Ursprung liegt weit zurück, in fernster Vergangenheit.«
MICHA 5,1 HFA

Ehre sei Gott in der Höhe, der heruntergekommen ist bis in meine Tiefe.
ELMAR GRUBER

Eins steht ohne jeden Zweifel fest: Groß und einzigartig ist das Geheimnis unseres Glaubens: In die Welt kam Christus als ein Mensch, und der Geist Gottes bestätigte seine Würde. Er wurde gesehen von den Engeln und gepredigt den Völkern der Erde. In aller Welt glaubt man an ihn, und er wurde aufgenommen in Gottes Herrlichkeit.
1. TIMOTHEUS 3,16 HFA

Die Knospe, die noch geschlossen ist, das braune Vogelküken, ein frisches Blatt an meiner Zimmerpflanze – alles Kleine trägt die Verheißung in sich, groß zu werden. Lass mich genauer hinschauen, das Unscheinbare wahrnehmen und mich daran freuen.

SPRÜCHE 3,27–30

Freitag 26 Mai

Mein Tag

Der HERR, unser Gott, ist gerecht in allen seinen Werken, die er tut.
DANIEL 9,14

Gott zeigt seine Gerechtigkeit jetzt, in dieser Zeit: Er ist gerecht und macht gerecht den, der aus dem Glauben an Jesus lebt.
RÖMER 3,26

Stichwort: Glaube (bei Paulus)

Bei Paulus steht das Handeln Gottes durch und an Jesus im Mittelpunkt: Durch Jesu Tod und Auferweckung hat Gott eine Heilswirklichkeit geschaffen. Glauben heißt, dass Menschen sie im Vertrauen für sich gelten lassen.
KURZERKLÄRUNG DER BASISBIBEL

Wir öffnen uns vor dir, in dir wohnt die Wahrhaftigkeit.
Wir freuen uns an dir, in dir wohnt die Gerechtigkeit.
Du bist, wie du bist: Schön sind deine Namen. Halleluja. Amen.
FRIEDRICH KARL BARTH

SPRÜCHE 4,20–27

Mein Tag

Samstag 27 MAI

Treu ist Gott und kein Böses an
ihm, gerecht und wahrhaftig ist er.
5. MOSE 32,4

Daran erkennen wir,
dass er in uns bleibt: an dem Geist,
den er uns gegeben hat.
1. JOHANNES 3,24

Die göttlichen Dinge kommen unbemerkt ins Herz hinein.
Gott macht es in deinem Herzen durch seinen Geist,
und dort lebt es, und dann kommt es von selbst aus dir heraus
wie der Atem.
JOHANN CHRISTOPH BLUMHARDT

Heiliger Geist,
gib mir die Liebe zu Gott und den Menschen,
die allen Hass und alle Bitterkeit vertilgt.
DIETRICH BONHOEFFER

SPRÜCHE 6,6–11

Sonntag
28
MAI
PFINGSTFEST

Mein Tag

Ich selbst will, spricht der HERR, eine feurige Mauer rings um Jerusalem her sein.

SACHARJA 2,9

Als der Pfingsttag gekommen war erschienen ihnen Zungen, zerteilt und wie von Feuer, und setzten sich auf einen jeden von ihnen, und sie wurden alle erfüllt von dem Heiligen Geist.

APOSTELGESCHICHTE 2,1.3–4

B ewahrt
E rfrischt
G eschützt
E rmutigt
I nspiriert
S ingend
T anzend
E rfüllt
R ühmend
T räumend

Komm, o komm, du Geist des Lebens,
wahrer Gott von Ewigkeit,
deine Kraft sei nicht vergebens, sie erfüll uns jederzeit.

HEINRICH HELD

PSALM 143,6–10

Mein Tag

Montag
29
MAI

PFINGSTMONTAG

Mein ist das Silber, und mein ist
das Gold, spricht der HERR Zebaoth.
HAGGAI 2,8

Alle, die zum Glauben an Jesus
gefunden hatten, waren ein Herz
und eine Seele. Niemand betrachtete
sein Eigentum als privaten
Besitz, sondern alles gehörte ihnen
gemeinsam.
APOSTELGESCHICHTE 4,32 HFA

To think:

Was nützt alles Geld der Welt,
wenn es keinen Menschen gibt,
den du liebst und mit dem
du dein Glück teilen kannst?

Wie schön wäre es, die Menschen wären ein Herz
und eine Seele. Wenn es aber um Besitz geht,
gelingt das selbst harmonischen Familien oft nicht.
Aber trotzdem ist doch etwas dran an dieser Idee:
Wer anderen gibt und selbst etwas bekommt,
ist ein reicherer Mensch als der, der alles für sich behält.
Deshalb lass mich immer wieder fragen, wo ich anderen
Menschen etwas von dem abgeben kann,
was mir geschenkt ist.

PSALM 34,2–9

Amen.

Mein Tag

Dienstag
30
MAI

Ist der Arm des HERRN etwa zu schwach?

4. MOSE 11,23 BB

Jesus spricht: Auch das sage ich euch: Wenn zwei von euch auf der Erde gemeinsam um irgendetwas bitten: Mein Vater im Himmel wird ihnen ihre Bitte erfüllen.

MATTHÄUS 18,19 BB

Man kann vom lieben Gott etwas erbitten. Bestellen kann man bei ihm nichts.

SÁNDOR MÁRAI, UNGARISCHER SCHRIFTSTELLER

Was ich Dir nicht mehr zutraue, erhoffen und erbeten Gott sei Dank noch andere.

PSALM 34,10–15

Mein Tag

Mittwoch
31
MAI

Du hast mein Klagelied in einen
Freudentanz verwandelt,
mir statt des Trauerkleids ein
Festgewand gegeben.
PSALM 30,12 GN

Ich bitte Gott, auf den sich unsere
Hoffnung gründet, dass er euch in
eurem Glauben mit aller Freude und
allem Frieden erfüllt, damit eure
Hoffnung durch die Kraft des
Heiligen Geistes immer stärker und
unerschütterlicher wird.
RÖMER 15,13 GN

Guter Gott!
Dann und wann kommen Zeiten,
da läuft alles schief – nichts scheint zu gelingen.
Pläne werden durchkreuzt und Träume zerplatzen.
Rauer Gegenwind bläst mir ins Gesicht.
Statt vorwärts zu kommen, falle ich immer wieder zurück.
Dann und wann kommen Zeiten,
da trittst Du ganz unerwartet in mein Leben.
Bringst auf den ersten Blick alles durcheinander.
Dabei schaffst du Ordnung.
Du gibst meinem Leben eine neue Richtung – einen neuen Sinn.
LAURA HEINRICH

PSALM 34,16–23

06 / 23

Juni

Gott gebe dir vom Tau des Himmels und vom Fett der Erde und Korn und Wein die Fülle.

1. MOSE 27,28

MONTAG		05	12	19	26
DIENSTAG		06	13	20	27
MITTWOCH		07	14	21	28
DONNERSTAG	01	08	15	22	29
FREITAG	02	09	16	23	30
SAMSTAG	03	10	17	24	
SONNTAG	04	11	18	25	

Mein Tag

Donnerstag
01
JUNI

Er wird den Tod
verschlingen auf ewig.
JESAJA 25,8

Ich möchte Christus erkennen und die Kraft seiner Auferstehung erfahren. An seinem Leiden möchte ich teilhaben – bis dahin, dass ich ihm im Tod gleich werde. Das alles geschieht in der Hoffnung, auch zur Auferstehung von den Toten zu gelangen.
PHILIPPER 3,10–11 BB

Stirb mit dem, der lebt, dass du auferstehst mit dem, der gestorben ist, und lebst mit dem, der auferstanden ist.

RAPHAEL ROMBACH

ESRA 1,1–11

Freitag

02
JUNI

Mein Tag

Ich will Frieden geben an dieser Stätte, spricht der Herr Zebaoth.

HAGGAI 2,9

Der Friede Christi regiere in euren Herzen; zum Frieden seid ihr berufen als Glieder des einen Leibes. Und dafür sollt ihr dankbar sein.

KOLOSSER 3,15

Eines schönen Wintertages fragte der freche Buchfink die weise Eule: »Kannst du mir sagen, wie viel eine Schneeflocke wiegt?« »Nicht mehr als nichts!«, antwortete der weise Vogel. »Dann muss ich dir von einem sonderbaren Erlebnis erzählen«, sagte der Fink. »Neulich saß ich auf dem Ast einer Tanne, als es zu schneien begann. Da ich gerade nichts Besseres zu tun hatte, fing ich an, die vielen Schneeflocken zu zählen, die leise auf die Zweige meines Astes herabfielen. Es waren genau zweimillionendreihundertachtundsechzigtausendsiebenhundertzweiunddreißig (2.368.732). Als jedoch die zweimillionendreihundertachtundsechzigtausendsiebenhundertdreiunddreißigste (2.368.733) Schneeflocke niederfiel – nicht mehr als nichts, wie du sagst –, brach der Ast!« »Deine Beobachtung stimmt mich nachdenklich«, sprach die weise Eule, »vielleicht fehlt dann auch nur eines einzigen Menschen Stimme zum Frieden in der Welt.«

NACH EINER FABEL

ESRA 2,1.64–70

Mein Tag

Samstag
03
JUNI

Siehe, dein König kommt zu dir,
ein Gerechter und ein Helfer,
arm und reitet auf einem Esel.
SACHARJA 9,9

Selig sind die Sanftmütigen; denn
sie werden das Erdreich besitzen.
MATTHÄUS 5,5

Demut ist die Fähigkeit, auch zu den kleinsten Dingen im Leben emporzusehen.

ALBERT SCHWEITZER

Klein.
Schwach.
Unscheinbar.
Erbärmlich.
Wie ein Kind in der Krippe.
Nur was klein beginnt,
kann größer und größer werden.

ESRA 3,1–7

Mein Tag

Sonntag
04
JUNI

Der HERR ist gerecht in allen seinen Wegen und gnädig in allen seinen Werken.
PSALM 145,17

Ich bin darin guter Zuversicht, dass der in euch angefangen hat das gute Werk, der wird's auch vollenden bis an den Tag Christi Jesu.
PHILIPPER 1,6

Wer glaubt, etwas zu sein sein, hat aufgehört, etwas zu werden.
PHILIP ROSENTHAL

Ich bitte Dich, Herr, um die große Kraft, diesen kleinen Tag zu bestehen, um auf dem großen Wege zu Dir einen kleinen Schritt weiterzugehen.
ERNST GINSBERG

ESRA 3,8–13

Mein Tag

Montag
05
JUNI

Der Vater macht den Kindern deine Treue kund.
JESAJA 38,19

Wie ihr nun angenommen habt den Herrn Christus Jesus, so lebt auch in ihm, verwurzelt und gegründet in ihm und fest im Glauben, wie ihr gelehrt worden seid, und voller Dankbarkeit.
KOLOSSER 2,6–7

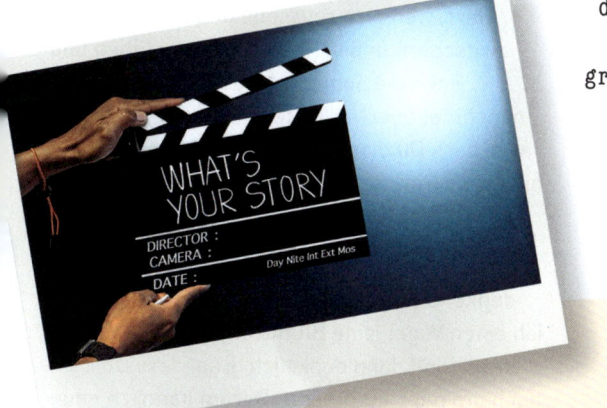

Alles fing ganz klein an, als du die Erde schufst.
Aber wie viel Leben passt in diese Welt!
Daraus entstanden so viele Momente, Erlebnisse, Erfahrungen.
Alles, wovon wir Geschichten erzählen!
Menschen gehen ihre Wege und du, treuer Gott, hinterlässt deine Spuren.
Begleite auch mich auf meiner Reise, schreibe deine Geschichte mit mir!

ESRA 4,1–5

Dienstag
06
JUNI

Mein Tag

Gott der HERR machte aus Erde alle die Tiere auf dem Felde und alle die Vögel unter dem Himmel und brachte sie zu dem Menschen. Und der Mensch gab einem jeden seinen Namen.

1. MOSE 2,19.20

Welchen Wert hat schon ein Spatz? Man kann fünf von ihnen für einen Spottpreis kaufen. Und doch vergisst Gott keinen Einzigen von ihnen.

LUKAS 12,6 HFA

Herr, wenn ich raussehe und hör' die Vögel zwitschern und sehe die Blumen blühen und sehe die Sonne scheinen, dann laufe ich manchmal über vor lauter Glück und Dankbarkeit, dass Du diese Welt geschaffen hast. Dann bin ich so froh, dass Du Dich um alle kümmerst, und dass ich eingeschlossen bin.

Herr, und wenn ich ganz unten bin, und fast denke, Du hättest mich vergessen, dann sehe ich einen Vogel, eine Blume oder einen Sonnenstrahl, und dann denke ich dran, dass Du Dich auch um mich kümmerst. Darum kann ich neue Hoffnung schöpfen. Herr, danke, dass DU keinen von uns hängen lässt.

NINA STRACK

ESRA 5,1–17

Mein Tag

Mittwoch
07
JUNI

Wandelt auf dem Weg, den euch der HERR, euer Gott, geboten hat, damit ihr leben könnt.

5. MOSE 5,33

Was zuvor geschrieben ist, das ist uns zur Lehre geschrieben, damit wir durch Geduld und den Trost der Schrift Hoffnung haben.

RÖMER 15,4

Gib mir, Herr, für meine Lebensreise
deine Wahrheit, die den Weg mir weise,
und den Geist, der diesen Weg mich führt!
Schenk mir Mut, dass ich mich führen lasse
und Geduld auf unbekannter Straße,
dass dein Wort Verstand und Herz berührt.

NACH PHILIPP SPITTA, DICHTER IM 19. JH.

ESRA 6,1–12

Donnerstag
08
JUNI

Mein Tag

Boas sprach zu Rut:
Du bist gekommen zu dem HERRN,
dass du unter seinen Flügeln
Zuflucht hättest.

RUT 2,12

Christus ist gekommen und hat im
Evangelium Frieden verkündigt
euch, die ihr fern wart, und Frieden
denen, die nahe waren.

EPHESER 2,17

*Wo Liebe ist,
da ist Frieden.*

MUTTER TERESA

Dein Friede ist die gute Nachricht, dass wir
Liebe finden bei dir.
Dein Friede ist die heilsame Nachricht, dass
du immer offene Arme für uns hast.
Dein Friede ist die wunderbare Nachricht,
dass du selbst in unserer Mitte bist.

Amen.

ESRA 6,13–18

Mein Tag

Freitag
09
JUNI

Der HERR, dein Gott, wandelte dir
den Fluch in Segen um, weil dich
der HERR, dein Gott, lieb hatte.

5. MOSE 23,6

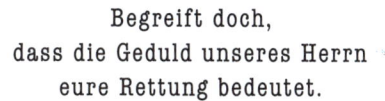

Begreift doch,
dass die Geduld unseres Herrn
eure Rettung bedeutet.

2. PETRUS 3,15 BB

… und dann
lässt mich
deine Gnade
ganz allmählich
mitten in den alten Wunden
das Neue entdecken.

ESRA 6,19–22

Mein Tag

Samstag
10
JUNI

Den Durstigen gebe ich zu trinken
und die Müden stärke ich.
JEREMIA 31,25 BB

Glückselig sind die, die wissen,
dass sie vor Gott arm sind.
Denn ihnen gehört das Himmelreich.
MATTHÄUS 5,3 BB

Gott nötig haben, ist des Menschen höchste Vollkommenheit.
SÖREN KIERKEGAARD

Gott, du meine Güte!
Wie viel du gibst!
Mein Leben ist mehr als nur erträglich.
Danke, danke, danke!
Aber eines gib mir immer mehr:
Deinen Geist, der es mir unerträglich macht,
wenn andere arm sind und hungern.
Amen.

ESRA 7,1–10

Mein Tag

Sonntag
11
JUNI

Kehrt um zum HERRN, von welchem
ihr so sehr abgewichen seid!
JESAJA 31,6

Es ist ein wahres Wort und verdient
volles Vertrauen: Jesus Christus ist
in die Welt gekommen,
um die Sünder zu retten.
1. TIMOTHEUS 1,15 GN

Die Welt ist aus Vertrauen gemacht.
Das sieht nicht so aus.
Weil es schwer ist zu vertrauen. Du wirst enttäuscht werden.
Also ist Kontrolle besser.
Manchmal schon. Allerdings musst du abwägen: Je mehr Kontrolle, desto weniger Freiheit. In der Bibel steht: »Ich bin dein Gott. Ich habe dich aus der Sklaverei geführt.«
Was soll das heißen?
Du bist frei. Mach dich nicht wieder abhängig.
VON SUSANNE NIEMEYER

ESRA 7,11–20

Montag
12
JUNI

Mein Tag

Sieh an meinen Jammer
und mein Elend und vergib mir
alle meine Sünden!
PSALM 25,18

Ich sage euch: Genauso wird im
Himmel mehr Freude sein über
einen einzigen Sünder, der umkehrt,
als über neunundneunzig Gerechte,
die es nicht nötig haben
umzukehren.
LUKAS 15,7 NGÜ

*Wer a sagt,
der muss nicht b sagen.
Er kann auch erkennen,
dass a falsch war.*

BERTOLT BRECHT, SCHRIFTSTELLER

sich selbst hinterfragen
Wunden wieder fühlen
Standpunkte verlassen
und umkehren
zu deiner Zusage

ESRA 7,21–28

Mein Tag

Dienstag
13
JUNI

Möge die Kraft des HERRN sich als groß erweisen, wie du gesagt hast.
4. MOSE 14,17 ZB

Maria sprach: Großes hat der Mächtige an mir getan. Und heilig ist sein Name.
LUKAS 1,49 ZB

Wenn du glaubst, dass du zu klein bist, um etwas bewirken zu können, dann versuche mal, mit einer Mücke im Zimmer einzuschlafen.

ANITA RODDICK,
ERFOLGREICHE UNTERNEHMENSGRÜNDERIN

Was kann ich schon tun? Dieser Gedanke macht mich ohnmächtig. Ich fühle mich hilflos, unwichtig, klein und es ist, als hätte mir jemand den Stecker gezogen.
Bitte erfülle mich in solchen Momenten mit deiner himmlischen Kraft, die mich geschaffen hat und durch mich Gutes und Wichtiges bewirken will. Lass mich deine Macht spüren und meine Augen sehen, wo auch Kleines ganz große Wirkung hat.

Amen.

ESRA 8,15–20

Mittwoch 14
JUNI

Mein Tag

Meine Seele soll sich rühmen des HERRN, dass es die Elenden hören und sich freuen.
PSALM 34,3

Freut euch! Lasst alle Menschen eure Freundlichkeit spüren. Der Herr ist nahe.
PHILIPPER 4,4–5

To think:
Ist Freude so etwas wie Seelennahrung? Wie wäre es dann mit mindestens drei Mahlzeiten täglich?

Wie das Meer den Glanz der Sonne widerspiegelt, so leuchte aus deinem Antlitz die Freude des Herrn an dir, seinem Geschöpf.
ANTJE SABINE NAEGELI

ESRA 8,21–30

Mein Tag

Donnerstag
15
JUNI

> Ich will mein Angesicht
> nicht mehr vor ihnen verbergen;
> denn ich habe meinen Geist über
> das Haus Israel ausgegossen,
> spricht Gott der HERR.
>
> HESEKIEL 39,29

Top five:

Wie sich der Heilige Geist für mich bemerkbar macht

1. Wenn ich aus dem Staunen nicht mehr rauskomme
2. Wenn Traurigkeit sanft umarmt wird
3. Wenn mir die Augen geöffnet werden
4. Wenn ich mich sicher und geborgen fühle
5. Wenn sich ein Fragezeichen in ein Ausrufezeichen wandelt

Meine Top five:

_____
_____
_____
_____
_____

> Gottes Geist selbst
> gibt uns die innere Gewissheit,
> dass wir Gottes Kinder sind.
>
> RÖMER 8,16 HFA

> Befreit durch deine Gnade, erschließt sich mir
> ein neuer Horizont.
> Wie gut du von mir denkst, war mir nicht klar.
> Lass mich durch deine Augen sehn,
> erkennen, welchen Mensch du in mir siehst,
> und mach mir klar:
> Was du sagst, ist wahr.
>
> JULIANE EVA UND CLAUS-PETER EBERWEIN

ESRA 8,31–36

Freitag 16
JUNI

Mein Tag

Das sei ferne von uns, dass wir uns auflehnen gegen den HERRN und uns heute von ihm abwenden.
JOSUA 22,29

Wir wollen die Versammlung der Gemeinde nicht verlassen, wie es bei einigen üblich geworden ist, sondern einander mit Zuspruch beistehen.
HEBRÄER 10,25 ZB

Gott, ich will dir gern wieder öfter nah sein. Am besten zusammen mit anderen.

Amen.

ESRA 9,1–6.15

Mein Tag

Samstag 17
JUNI

> Gott, der HERR, der Mächtige, redet und ruft der Welt zu vom Aufgang der Sonne bis zu ihrem Niedergang.
> **PSALM 50,1**

> Das Reich Gottes kommt nicht mit äußeren Zeichen; man wird auch nicht sagen: Siehe, hier!, oder: Da! Denn sehet, das Reich Gottes ist mitten unter euch.
> **LUKAS 17,20 – 21**

Ich glaube an eine Welt,
in der man weniger in schlauen Büchern
als im Gesicht des Gegenübers liest.
Ich glaube an eine Welt,
in der man Träume haben und leben kann,
ohne sich dafür mit Drogen vollzupumpen.
Ich glaube an eine Welt,
in der man keine Masken und falschen Fassaden mehr braucht.
Ich glaube an eine Welt,
in der die Gänseblümchen die Betonparkplätze verdrängen
und nicht umgekehrt.
Ich glaube an eine Welt,
in der man auf leise Gitarrenklänge
und nicht auf das Gedröhn von Presslufthämmern hört.
Ich glaube an eine Welt,
die von Glaube, Hoffnung und Liebe regiert wird
und nicht vom Ziel, nach Macht und Geld zu streben.
Ich hoffe auf den Himmel auf Erden und den Menschen, der mit diesem Paradies umzugehen und es zu schätzen weiß.

MEIKE SCHMITZ

NEHEMIA 1,1–11

Sonntag

18
JUNI

Mein Tag

Himmel und Erde sind dein, du hast gegründet den Erdkreis und was darinnen ist. Nord und Süd hast du geschaffen.
PSALM 89,12–13

Alles wurde durch Christus geschaffen und alles hat in ihm sein Ziel. Er ist vor allem da, und in ihm hat alles Bestand.
KOLOSSER 1,16–17 BB

Der Mensch sucht nach Gründen, die erklären, wie eins das andere verursacht und bedingt. Hat nun der Lauf der Welt aber nicht nur Gründe, sondern auch einen guten Grund? Und wenn der Mensch mathematisch mit Unendlichem rechnen kann, warum sollte er dann nicht auch mit einem Unendlichen rechnen? Gibt es womöglich nicht nur ur-sächliche, sondern auch eine ur-persönliche Macht?
ANDREAS KNAPP

NEHEMIA 2,1–10

Mein Tag

Montag
19 JUNI

Wer dich verlässt, der wird scheitern. Denn er hat dich verlassen, die Quelle mit Leben spendendem Wasser.
JEREMIA 17,13 HFA

Gott spricht: Allen Durstigen werde ich Wasser aus der Quelle des Lebens schenken.
OFFENBARUNG 21,6 HFA

Top five:
Quellen des Lebens
1. Echte Versöhnung
2. Tiefe und ehrliche Gespräche
3. Freundschaft
4. Tanzen im Sommerregen
5. Aha-Erlebnisse

Meine Top five:

_____
_____
_____
_____
_____

Du schöpferischer Geist, danke für all deine Zeichen, für alles, womit du uns beglückst. Öffne mir auch an diesem Tag die Augen, damit ich sehe, und was du Heilvolles schaffst. Lass mich erkennen, wie sehr du mich umsorgst.

Amen.

NEHEMIA 2,11–20

Dienstag
20
JUNI

Mein Tag

Der HERR hat das Gebet der verlassenen Stadt gehört. Ihr Bittgebet hat er nicht gering geschätzt.
PSALM 102,18 BB

Macht euch keine Sorgen. Im Gegenteil: Wendet euch in jeder Lage an Gott. Tragt ihm eure Anliegen vor in Gebeten und Fürbitten und voller Dankbarkeit.
PHILIPPER 4,6 BB

Beten heißt: Gott den Sack vor die Füße werfen.
MARTIN LUTHER

Es ist so: Wahrscheinlich habe ich verlernt zu beten.
Gedanken rasen durch meinen Kopf.
Ich kriege keinen zu fassen.
Das Karussell dreht sich weiter und weiter.
Es wäre schön, wenn du es stoppen würdest.
Aber ich komme nicht mal drauf, dich zu fragen.
Zumindest das hab ich dir jetzt mal gesagt.

NEHEMIA 3,1–5.33–38

Mein Tag

Mittwoch
21
JUNI

Die Angst meines Herzens ist groß;
führe mich aus meinen Nöten!
PSALM 25,17

Jesus spricht: In der Welt habt ihr
Angst; aber seid getrost, ich habe
die Welt überwunden.
JOHANNES 16,33

*Fürchte nur eins:
zu viel Furcht zu haben.*

MARY WARD

Mein Mut sinkt und mein Herz knickt ein.
Die Angsthasen in mir rennen um die Wette.
Bei all der Aufregung hole ich tief Luft.
Vielleicht in der Hoffnung deine Stärke einzuatmen
und zu spüren: Du bist an meiner Seite.

NEHEMIA 4,1–8

Donnerstag

22
JUNI

Mein Tag

HERR, gedenke doch an deinen Bund mit uns und lass ihn nicht aufhören!
JEREMIA 14,21

Gott ist treu, durch den ihr berufen seid zur Gemeinschaft seines Sohnes Jesus Christus, unseres Herrn.
1. KORINTHER 1,9

Bei dir bin ich angesehen, wie mich sonst niemand ansieht.
Und du wirst auch zu mir stehen, selbst wenn mancher die Hand mir entzieht.
Denn du siehst mich, mein Gott, und du hörst mich,
Du nimmst mich wahr, egal, was ich auch tu, du bist mir nah.
CLEMENS BITTLINGER/JUDY BAILEY, LIED ZUM DEUTSCHEN KIRCHENTAG IN BERLIN/WITTENBERG 2017

NEHEMIA 4,9–17

Mein Tag

Freitag
23
JUNI

To do:
Wecke deine Sinne auf! Mach sie wach, um göttliche Nähe zu spüren!

Der HERR sprach zu Mose: Das ganze Volk, in dessen Mitte du bist, soll des HERRN Werk sehen.

2. MOSE 34,10

Jesus zog umher in ganz Galiläa, lehrte in ihren Synagogen und predigte das Evangelium von dem Reich und heilte alle Krankheiten und alle Gebrechen im Volk.

MATTHÄUS 4,23

Bring uns zum Staunen!
Rühr uns zu Tränen!
Beseele uns mit Güte!
Heile, was gebrochen ist!
Bewege uns zu mutigen Taten!
Mach dich sichtbar!

NEHEMIA 5,1–11

Mein Tag

Samstag
24
JUNI

Es ist dir gesagt, Mensch, was gut ist und was der HERR von dir fordert: nichts als Gottes Wort halten und Liebe üben und demütig sein vor deinem Gott.
MICHA 6,8

Seid so unter euch gesinnt, wie es der Gemeinschaft in Christus Jesus entspricht.
PHILIPPER 2,5

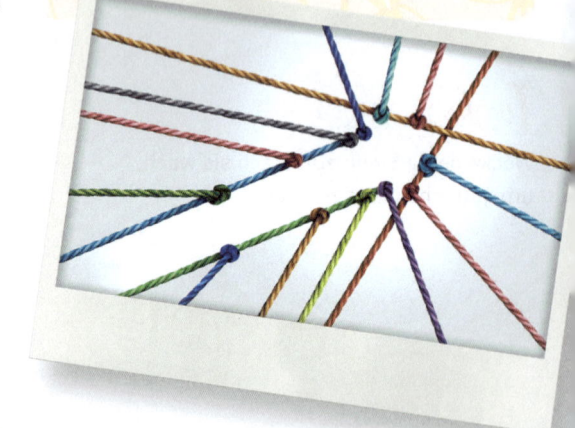

immer wieder
nach deiner Richtung fragen
und sich neu ausrichten
nach deiner Menschenfreundlichkeit

NEHEMIA 5,12–19

Mein Tag

Sonntag
25
JUNI

Es ist eine Vision, die erst zu einer bestimmten Zeit eintreffen wird. Wenn sich das verzögert, was sie ankündigt, dann warte darauf!

HABAKUK 2,3 BB

Worauf warten wir.
Jahr um Jahr.
Tag für Tag.
Heute. Jetzt.

Oder warten
wir auf nichts.

Kennen wir den
der kommen wird
oder den
der wiederkommt
oder den
der immer da war.

Oder wartet
er auf uns?
ARNIM JUHRE

Seid besonnen und bewahrt einen klaren Kopf, damit ihr beten könnt. Haltet vor allem mit Ausdauer an der Liebe zueinander fest.

1. PETRUS 4,7−8 BB

NEHEMIA 6,1−9

Mein Tag

Montag
26
JUNI

Wandere ich auch im finstern Tal, fürchte ich kein Unheil, denn du bist bei mir, dein Stecken und Stab, sie trösten mich.

PSALM 23,4 ZB

Wir sind bedrängt, aber nicht in die Enge getrieben, ratlos, aber nicht verzweifelt, verfolgt, aber nicht verlassen, zu Boden geworfen, aber nicht am Boden zerstört.

2. KORINTHER 4,8–9 ZB

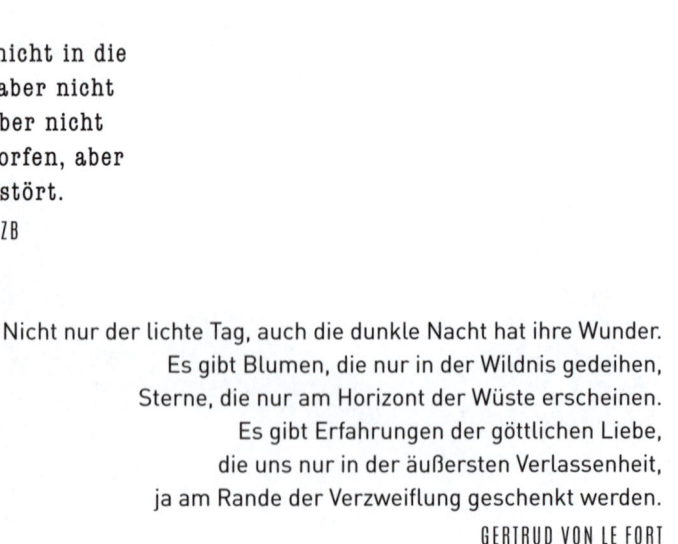

Nicht nur der lichte Tag, auch die dunkle Nacht hat ihre Wunder. Es gibt Blumen, die nur in der Wildnis gedeihen, Sterne, die nur am Horizont der Wüste erscheinen. Es gibt Erfahrungen der göttlichen Liebe, die uns nur in der äußersten Verlassenheit, ja am Rande der Verzweiflung geschenkt werden.

GERTRUD VON LE FORT

NEHEMIA 6,10–16

Mein Tag

Dienstag
27
JUNI

Erkennen ist wie ein Nachdenken der Gedanken Gottes.

KARL JASPERS

Alle Menschen werden erkennen: Ich, der HERR, bin dein Retter und dein Befreier.

JESAJA 49,26 GN

Jesus spricht: Gott hat mir unbeschränkte Vollmacht im Himmel und auf der Erde gegeben. Darum geht nun zu allen Völkern der Welt und macht die Menschen zu meinen Jüngern und Jüngerinnen! Tauft sie im Namen des Vaters und des Sohnes und des Heiligen Geistes, und lehrt sie, alles zu befolgen, was ich euch aufgetragen habe.

MATTHÄUS 28,18–20 GN

Zeit zum Nachdenken

NEHEMIA 8,1–12

Mittwoch 28

JUNI

Mein Tag

Ich will dir danken für deinen Namen, der für deine Güte und Treue steht. Denn du hast eine große Verheißung gegeben, wie es deinem Namen entspricht.
PSALM 138,2 BB

Stichwort: Name Gottes

Ihr seid doch neu geboren worden – nicht aus vergänglichem, sondern aus unvergänglichem Samen: durch das Wort Gottes, das lebendig ist und für immer bleibt.
1. PETRUS 1,23 BB

Für das hebräisch-biblische Denken ist ein Name nicht nur irgendein Wort unter vielen. Er sagt etwas über den Namensträger/die Namensträgerin aus und ist aufs Engste mit seinem bzw. ihrem Wesen und Wirken verbunden. Durch das Aussprechen des Gottesnamens wird Gott selbst gegenwärtig. Wenn Wünsche oder Segensworte mit seinem Namen verbunden werden, wirkt Gottes ganze Macht in diesen Worten.
KURZERKLÄRUNG DER BASISBIBEL

Dein Reden mit uns verstummt nicht. Deine gütigen Weisungen sind uns Hilfe und Freude. Herr, wir danken dir, dass du unsere Herzen wieder neu auftust durch deinen Geist, dass Leben in uns sei.
HANNA HÜMMER

NEHEMIA 8,13–18

Mein Tag

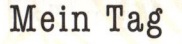

Donnerstag
29
JUNI

Der HERR ist bei mir
wie ein starker Held.
JEREMIA 20,11

Ich danke unserm Herrn Christus
Jesus, der mich stark gemacht und
für treu erachtet hat.
1. TIMOTHEUS 1,12

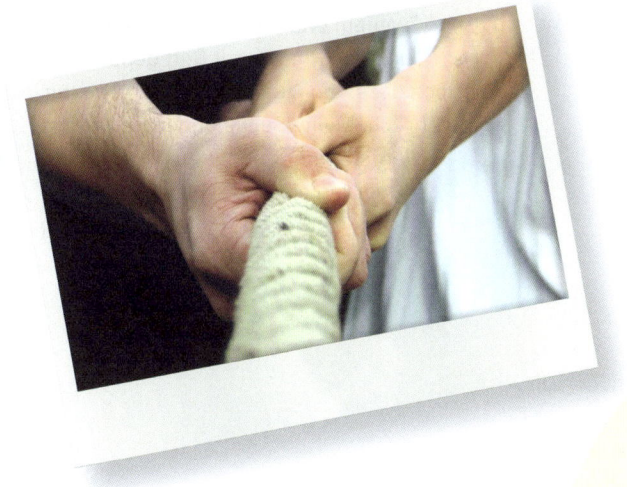

#gemeinsamstark
#aneinemstrangziehen
#teamwork

NEHEMIA 9,1–3.32–33

Mein Tag

Freitag
30
JUNI

Wenn jemand fällt, steht er wieder auf – oder nicht? Wenn jemand sich verirrt, kehrt er wieder um – oder nicht?
JEREMIA 8,4 BB

Die Apostel sprachen zu dem Herrn: Stärke uns den Glauben!
LUKAS 17,5

Jeder muss Gott für sich selbst entdecken. Zweifeln und Suchen, das Auf und Ab und das Ringen mit Gott gehört zum Glauben dazu. Ihn ›zu haben‹, erschiene mir gefährlich. Meine Suche und mein Zweifel werden immer anhalten – manchmal werden die Zweifel etwas weniger.
KONSTANTIN WECKER, MUSIKER

Herr, unser Vater! Wir glauben dir, aber hilf doch unserm Unglauben! Wir vertrauen dir, aber verjage doch alle Gespenster aus unsern Herzen und Köpfen, damit wir dir ganz und fröhlich vertrauen! Wir fliehen zu dir; lass uns in heiterer Zuversicht vorwärtsschauen und vorwärtsgehen!
KARL BARTH

NEHEMIA 10, 1.29–30

Juli

07/23

Jesus Christus spricht: Liebt eure Feinde und betet für die, die euch verfolgen, damit ihr Kinder eures Vaters im Himmel werdet.

MATTHÄUS 5,44–45

	03	10	17	24	31		MONTAG
	04	11	18	25			DIENSTAG
	05	12	19	26			MITTWOCH
	06	13	20	27			DONNERSTAG
	07	14	21	28			FREITAG
01	08	15	22	29			SAMSTAG
02	09	16	23	30			SONNTAG

Samstag 01
JULI

Mein Tag

Herr, dir habe ich
meine Sache befohlen.
JEREMIA 11,20

Dein Wille geschehe wie im Himmel
so auf Erden.
MATTHÄUS 6,10

Dein Wille geschehe, habe ich tausend Mal gemurmelt
Zusammen mit anderen im Chor von Ewigkeit zu Ewigkeit
Und es klingt meistens eine Spur zu resignativ
Einwilligend in das Unabänderliche
Zu vorauseilend, finde ich
Denn was ist dein Wille
Doch nicht das Unglück
Doch nicht das Leid
Vielleicht wartest du auf unseren Schrei
der eintritt für deinen Willen,
dass die Welt ein freundlicher Ort sei
dass kein Schmerz
gottgegeben ist
dass Leben ein Freiheitsfall für alle sei
Ich und Du nur einen Atemzug getrennt
Wie im Himmel so auf Erden
SUSANNE NIEMEYER

ESTER 1,1–12A

Mein Tag

Sonntag
02
JULI

HERR, die Erde ist voll deiner Güte;
lehre mich deine Gebote.
PSALM 119,64

Alles nun, was ihr wollt, dass euch die Leute tun sollen, das tut ihr ihnen auch! Das ist das Gesetz und die Propheten.
MATTHÄUS 7,12

DUDEN

Rechtschreibung

Worttrennung **Gü|te**

Bedeutungen (2)
1. freundlich-nachsichtige Einstellung gegenüber jemandem; das Gütigsein
2. [Grad der guten] Beschaffenheit eines Erzeugnisses, einer Leistung o. Ä.; [gute] Qualität

Wenn die Erde voll deiner Güte ist, Herr, mein Gott, so sind deine Gebote nicht schwer:
Güte gegenüber meinen Nächsten,
Güte gegenüber den Lebewesen und der Erde, die uns trägt.
Lass das Beispiel deiner Güte mein Leben bestimmen.

ESTER 1,12B–22

Montag 03
JULI

Mein Tag

Lobe den HERRN, meine Seele,
und vergiss nicht, was er dir Gutes
getan hat.
PSALM 103,2

Seid dankbar in allen Dingen;
denn das ist der Wille Gottes in
Christus Jesus für euch.
1. THESSALONICHER 5,18

To do:
Egal wie du geschlafen hast –
eine Woche lang mit einem Danke auf den
Lippen aus dem Bett kriechen!

Wir sind erwacht.
Der Schlaf ist noch in unseren Augen,
aber auf unseren Lippen soll sofort dein Lob sein.
Wir loben und preisen dich und beten dich an.
Wir, das ist die Erde, das Wasser und der Himmel.
Das sind die Gräser und Sträucher und Bäume.
Das sind die Vögel und alle anderen Tiere.
Das sind die Menschen hier auf der Erde.
Alles, was du erschaffen hast,
freut sich an deiner Sonne und an deiner Gnade
und wärmt sich daran.
Darum sind wir so froh in dieser Morgenstunde, o Herr.
Mach, dass die Stunden und Minuten
nicht in unseren Händen zerrinnen,
sondern in deine Fülle münden.
AUS AFRIKA

ESTER 2,1–11

Mein Tag

Dienstag
04
JULI

Wer festen Herzens ist,
dem bewahrst du Frieden;
denn er verlässt sich auf dich.
JESAJA 26,3

Gott selbst hat unser und euer
Leben auf ein festes Fundament
gestellt, auf Christus.
2. KORINTHER 1,21 HFA

100%

Jeden Tag bleibst du uns treu.
Jeden Tag gilt dein Versprechen neu.
Jeden Tag wollen wir dir vertrauen.
Jeden Tag können wir auf dich bauen.

Amen.

ESTER 2,12–18

Mittwoch
05
JULI

Mein Tag

Ich, der HERR, wandle mich nicht.
MALEACHI 3,6

Seine Barmherzigkeit bleibt
für immer und ewig, sie gilt
allen Menschen, die in Ehrfurcht
vor ihm leben.
LUKAS 1,50 HFA

Die Barmherzigkeit Gottes ist wie der Himmel, der stets über uns fest bleibt. Unter diesem Dach sind wir sicher, wo auch immer wir sind.

MARTIN LUTHER

Bis zum Ende der Welt.
Bis ans Ende der Zeit.
Deine Liebe hält
bis in Ewigkeit.
Sie wird niemals vergehen.
Sie steht fest und sie bleibt.
LOTHAR KOSSE

ESTER 2,19–23

Mein Tag

Donnerstag
06
JULI

Auf dich, HERR, richte ich Herz und Sinn. Dir, meinem Gott, vertraue ich; enttäusche mich nicht!
PSALM 25,1–2 GN

Zachäus wollte unbedingt sehen, wer dieser Jesus sei.
LUKAS 19,3 GN

da bleibt die Hoffnung
Dich eines Tages
zu Gesicht zu bekommen
da bleibt das Suchen
weil ich Dich vermisse
und einfach nicht aufhören kann
auf Dich zu warten

ESTER 3,1–6

Freitag
07
JULI

Mein Tag

Unsere Schuld liegt offen vor dir, auch unsere geheimsten Verfehlungen bringst du ans Licht.
PSALM 90,8 HFA

Vergib uns unsere Schuld, wie auch wir denen vergeben, die an uns schuldig geworden sind.
MATTHÄUS 6,12 HFA

Für die eigenen Fehler nehmen wir gewöhnlich den Radiergummi, für die unserer Mitmenschen das Vergrößerungsglas.
CARLOS VON TSCHUDI

Zeige mir, du barmherziger Gott:
Wo verschließe ich die Augen vor meinen Fehlern?
Was verdränge ich lieber und will bloß nicht drüber sprechen?
Was belastet meine Beziehungen und ist mir gar nicht bewusst?
Decke auf, was ich lieber unter den Teppich kehre und lass es mich ansehen.
Vergib mir und lass mich vergeben, wie du mir vergeben hast.
Wie du gnädig mit mir bist, lass mich gnädig sein mit anderen.

Amen.

ESTER 3,7–15

Mein Tag

Samstag
08
JULI

Das Andenken des Gerechten
bleibt im Segen.
SPRÜCHE 10,7

Werdet nicht träge, sondern tut es
denen gleich, die durch Glauben und
Geduld die Verheißungen erben.
HEBRÄER 6,12

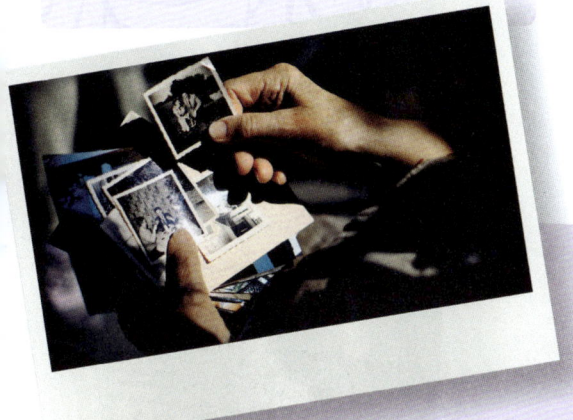

Ich hab die Faser nicht gesponnen, die Stoffe nicht gewebt, die ich am Leibe trage.
Ich habe nicht die Schuhe, die Schritte nur gemacht.
Ich habe nicht gelernt zu schlachten, zu pflügen und zu säen und bin doch nicht verhungert.
Wer mich ansieht, sieht viele andere nicht, die mich ernährt, gelehrt, gekleidet,
die mich geliebt, gepflegt, gefördert haben.
Mit jedem Schritt gehn viele Schritte mit.
Mit jedem Dank gehn viele Gedanken mit.
ARNIM JUHRE

ESTER 4,1–17

Sonntag 09
JULI

Mein Tag

Ihre Gemeinde soll vor mir fest gegründet stehen.
JEREMIA 30,20

Paulus schreibt: Bei euch gibt es das ermutigende Wort im Auftrag von Christus; es gibt den tröstenden Zuspruch, der aus der Liebe kommt; es gibt Gemeinschaft durch den Heiligen Geist; es gibt herzliches Erbarmen. Dann macht mich vollends glücklich und habt alle dieselbe Gesinnung, dieselbe Liebe und Eintracht! Verfolgt alle dasselbe Ziel!
PHILIPPER 2,1–2 GN

Lass uns an einem Strang ziehen, um zu bezeugen, was uns verbindet.

Amen.

Fischer auf Sri Lanka holen in der Abenddämmerung gemeinsam die Netze ein. Eine Gemeinschaftsarbeit.

ESTER 5,1–8

Mein Tag

Montag
10
JULI

Kommt, lasst uns anbeten und knien und niederfallen vor dem HERRN, der uns gemacht hat.
PSALM 95,6

Ehre und Herrlichkeit sei dem König der Ewigkeit, dem unvergänglichen, unsichtbaren und einzigen Gott, in alle Ewigkeit.
1. TIMOTHEUS 1,17

Gottes Geheimnisse begreift man nicht, man betet sie an.

WILHELM VON HUMBOLDT,
PREUSSISCHER GELEHRTER IM 19. JH.

Du bist ewig!
Du bist heilig!
Du bist groß!
Du_____ !
Du_____ !
Du_____ !
Dir sei Ehre!
In Ewigkeit!

Amen.

ESTER 5,9–14

Dienstag 11
JULI

Mein Tag

Es gibt kein größeres Glück für den Menschen, als dass er sich seines Lebens freut. Ja, das ist sein Anteil.
PREDIGER 3,22 BB

Alles, was ihr tut mit Worten oder mit Werken, das tut alles im Namen des Herrn Jesus und dankt Gott, dem Vater, durch ihn.
KOLOSSER 3,17

Als ich mit Jesus auf dem Balkon sitze

»Ich bin glücklich.« Die Sonne ist gerade hinter den Häusern verschwunden. Du hast die Füße auf die Brüstung gelegt und balancierst auf deinem Bein ein Bitter Lemon. »Überrascht dich das?«, fragst du. »Ich weiß nicht. Glück ist so ein großes Wort. Muss man sich das nicht für die wirklich großen Momente aufsparen?« Du lachst. »Hast du Angst, dass es sich abnutzt?« Was weißt du schon vom Glück, frage ich mich stumm, um dich nicht zu verletzen. Du hörst es trotzdem. »Du denkst, ich habe mein Glück geopfert. Für etwas Größeres. Aber so ist es nicht. Jetzt zum Beispiel möchte ich nichts lieber tun, als hier mit dir zu sitzen.« Ich bin ein bisschen verlegen, weil ich mich freue. »Ich kaufe Brot«, fährst du fort. »Ich helfe einem Gelähmten auf die Beine. Wenn es einen Dämon zu vertreiben gibt, vertreibe ich ihn. Ich bete. Ich wasche meine Füße. Ich kämpfe für so etwas Großes wie Gerechtigkeit. Aber ich denke nicht darüber nach, ob ich lieber etwas anderes täte. Oder woanders sein wollte.« »Wirklich nie?« Du schüttelst langsam den Kopf. Deshalb also fühle ich mich so wohl bei dir.

SUSANNE NIEMEYER, AUTORIN UND BLOGGERIN

ESTER 6,1–13

Mein Tag

Mittwoch
12
JULI

HERR, schone dein Volk und lass dein Erbteil nicht zuschanden werden.
JOEL 2,17

Gott vermag auch so schräge Vögel wie uns gerade fliegen zu lassen.
HANS-JOACHIM ECKSTEIN

Christus hat sein Leben für uns gegeben, um uns von aller Schuld zu befreien und sich so ein reines Volk zu schaffen, das nur ihm gehört und alles daran setzt, das Gute zu tun.
TITUS 2,14 GN

Vollcrash. Falsche Wege gewählt und gegen die Wand gefahren. Mein Leben fühlt sich wie ein Totalschaden an. Für nichts mehr zu gebrauchen. Dachte ich. Aber deine Geduld mit mir hat kein Ende! Du hältst zu mir! Und so wage ich einen neuen Versuch. Zeige mir bitte die Richtung!

Amen.

ESTER 6,14–7,10

Donnerstag 13
JULI

Mein Tag

Ruben sprach zu seinen Brüdern:
Vergießt nicht Blut!
1. MOSE 37,22

Jagt allezeit dem Guten nach,
füreinander und für jedermann.
1. THESSALONICHER 5,15

Frieden braucht Bilder

Schwerter zu Pflugscharen.
Regenbogen.
Sternenhimmel.
Weiße Taube.
Herz.

Ich bitte dich um Vorstellungskraft.
Dass wir uns ausmalen können, wie Frieden sein kann.
Wie Wunden geheilt werden und Gewalt ein Ende findet.
Wie Zusammenhalt stark wird und sich Zukunft öffnet.
Dass Hoffnungsbilder wachsen. Tatkraft entsteht.
Dass es gut werden kann mit uns.

ESTER 8,1–8

Mein Tag

Freitag
14
JULI

Du bist ein heiliges Volk dem HERRN, deinem Gott, und der HERR hat dich erwählt, dass du sein Eigentum seist, aus allen Völkern, die auf Erden sind.

5. MOSE 14,2

Denn ihr alle seid Kinder des Lichtes und Kinder des Tages. Wir sind nicht von der Nacht noch von der Finsternis.

1. THESSALONICHER 5,5

wie eine Muschel am Strand
in einer Wüste aus Stein und Sand
die Sonne einfängt und ihren Schein
lass mich Lichtsammlerin sein

ESTER 8,9–17

Samstag
15
JULI

Mein Tag

Gott hat mein Elend und meine Mühe angesehen.
1. MOSE 31,42

Paulus schreibt: Ihr wisst ja: Was ihr für den Herrn tut, ist nicht vergeblich.
1. KORINTHER 15,58 BB

Wenn ich gestresst im Zuviel gefangen bin,
dann lass mich nicht an das denken, was ich noch zu tun habe,
sondern an das, was du schon alles für mich getan hast.

Wenn ich dich kraftlos an allen Ecken und Enden vermisse,
dann lass mich nicht misstrauen, ob du es gut meinst mit mir,
sondern schenke mir neues Vertrauen: Du bist an meiner Seite.

Wenn mich Warten und Unruhe ins Zweifeln treibt,
dann lass mich nicht ungeduldig werden,
sondern lass mich dankbar zurückschauen
und erkennen: Manches erfüllt sich eben erst übermorgen.

Amen.

ESTER 9,1–2.20–23

Mein Tag

Sonntag
16
JULI

Gott der HERR wird die Tränen von allen Angesichtern abwischen.
JESAJA 25,8

Jesus spricht: Eure Traurigkeit soll zur Freude werden.
JOHANNES 16,20

Kräfte wecken

Entdecke den Faden der Zuversicht,
der dein Leben durchzieht,
der dich vor dem Sturz in die Tiefe bewahrt,
der dich durch alle Verstrickungen hindurch hält,
der dich mit einer Kraft verbindet,
die stärker ist als du.
UDO HAHN

Ich kann nicht mehr. Aber Du.

MATTHÄUS 8,1–4

Montag
17
JULI

Mein Tag

Wenn ich auch noch so viele meiner Gebote aufschreibe, so werden sie doch geachtet wie eine fremde Lehre.
HOSEA 8,12

Jesus spricht: Jeder, der meine Worte hört und danach handelt, gleicht einem klugen Mann, der sein Haus auf felsigen Grund baut.
MATTHÄUS 7,24 NGÜ

Verstaubt? Überholt? Langweilig?
Inspirierend! Tröstend! Spannend! Ermutigend!
Wecke in uns Bibelleselust! Schenke uns Neugier auf das, was du zu sagen hast.
Öffne unsere Ohren, dass wir auch noch ein weiteres Mal hinhören.
Und lass uns erfahren, wie deine Worte ganz praktisch in unserem Alltag wirken.

Amen.

MATTHÄUS 8,5–10.13

Mein Tag

Dienstag 18
JULI

> Lobet Gott für seine Taten, lobet ihn in seiner großen Herrlichkeit!
> PSALM 150,2

Schauen und Staunen

Um die Beziehung zwischen Gott und seiner Welt zu umschreiben, haben die Inder ein wunderbares Bild gebraucht: »Gott tanzt seine Schöpfung.« Er ist der Tänzer, die Schöpfung der Tanz. Sie sind eins und sind doch zwei. Der Tänzer ist etwas anderes als der Tanz. Und doch gibt es das eine nicht ohne das andere. Wenn der Tänzer einhält, gibt es keinen Tanz mehr. Der Tänzer geht in seinem Tanz nicht auf, aber er kommt in ihm zum Ausdruck. So ist auch die Schöpfung der Ausdruck eines liebenden, schöpferischen Gottes. Alles Leben ist der Ausdruck von Gottes Überfluss an Liebe und Macht. Wenn wir Gottes Schöpfung sehen,

> Seit der Erschaffung der Welt sind seine Werke ein sichtbarer Hinweis auf ihn, den unsichtbaren Gott, auf seine ewige Macht und sein göttliches Wesen.
> RÖMER 1,20 NGÜ

sollten wir nicht so viel grübeln und denken, analysieren und philosophieren, reden und lärmen. Wir sollten still werden und dem Tanz zuschauen, lauschen und staunen, bis wir den Tänzer selbst sehen und erkennen.

MATTHÄUS 8,14–17

Mittwoch 19
JULI

Mein Tag

Gott, denk an deine Gemeinde, die du dir vor langer Zeit als Eigentum erworben hast, die du erlöst und zu deinem Volk gemacht hast, das dir allein gehört!
PSALM 74,2 BB

Jesus spricht: Wo zwei oder drei versammelt sind in meinem Namen, da bin ich mitten unter ihnen.
MATTHÄUS 18,20

Man wird nicht für sich allein ein »Ganzer«, sondern nur mit anderen zusammen.
DIETRICH BONHOEFFER

Ich bin froh, dass es da welche gibt.
Welche, die beten.
Welche, die Kerzen entzünden für Verstorbene.
Welche, die einander aushalten.
Welche, die nach mir fragen.
Welche, die hoffen und auf Dich warten.
Welche, die ermöglichen,
was wir alleine nie könnten.

Amen.

MATTHÄUS 8,18–22

Mein Tag

Donnerstag
20
JULI

Bei Gott ist mein Heil
und meine Ehre.
PSALM 62,8

Jesus sprach zu der Frau:
Meine Tochter, dein Glaube hat dir
geholfen. Geh hin in Frieden!
LUKAS 8,48

Danke, Gott, dass ich deine Tochter sein darf, die nichts hat, außer ihrem wackeligen Glauben und ihr oft verzagtes Hoffen. Nach den mühevollen Tagen und Nächten, die mich beinahe zu viel Kraft kosten, bist du da. Du lädst mich zu neuem Glauben ein und richtest mich behutsam auf.
VERONIKA ULLMANN

MATTHÄUS 8,23–27

Freitag 21
JULI

Mein Tag

Als sich die Stimme der Trompeten, Zimbeln und Saitenspiele erhob und man den HERRN lobte: »Er ist gütig, und seine Barmherzigkeit währt ewig«, da erfüllte die Herrlichkeit des HERRN das Haus Gottes.
2. CHRONIK 5,13.14

Die heilige Stadt, das neue Jerusalem, braucht als Lichtquelle weder Sonne noch Mond, denn in ihr leuchtet die Herrlichkeit Gottes, und ihr Licht ist das Lamm.
OFFENBARUNG 21,2.23 GN

Ich glaube, dass wenn der Tod unsere Augen schließt, wir in einem Lichte stehn, von welchem unser Sonnenlicht nur der Schatten ist.
ARTHUR SCHOPENHAUER

ich genieße die Sonne in der Sommerzeit
ihre Wärme verspricht Geborgenheit
direkt schauen kann ich sie nicht
doch helle Strahlen locken mich
und ihr Erscheinen lässt mich ahnen
wie glanzvoll Du bist: herrlich und erhaben

MATTHÄUS 8,28–34

Mein Tag

Samstag
22
JULI

Das ist der HERR, auf den wir hofften; lasst uns jubeln und fröhlich sein über sein Heil.
JESAJA 25,9

*Glauben –
eine magische Kraft,
die das Unsichtbare
gewiss macht.*
NIKOLAUS VON FLUE

Der Glaube ist ein Festhalten an dem, worauf man hofft – ein Überzeugtsein von Dingen, die nicht sichtbar sind.
HEBRÄER 11,1 BB

Ich möchte Glauben haben, der über Zweifel siegt,
der Antwort weiß auf Fragen und Halt im Leben gibt.
Herr, du kannst alles geben: dass Glauben in mir reift,
dass Hoffnung wächst zum Leben und Liebe mich ergreift.
EBERHARD BORRMANN

MATTHÄUS 9,1–8

Sonntag
23
JULI

Mein Tag

Du, HERR, segnest alle Menschen,
die dir treu sind,
deine Gnade umgibt sie und schützt
sie wie ein Schild.
PSALM 5,13 NGÜ

Wer aus Gott geboren ist,
den bewahrt er und der Böse
tastet ihn nicht an.
1. JOHANNES 5,18

Wie wenig Lärm machen die wirklichen Wunder.

ANTOINE DE SAINT-EXUPÉRY,
FRANZÖSISCHER SCHRIFTSTELLER

Wieder ohne Unfall
einfach unbeschadet
angekommen.
Wunderbarerweise.
Danke.

MATTHÄUS 9,9–13

Mein Tag

Montag
24
JULI

> Er führet mich auf rechter Straße um seines Namens willen.
> **PSALM 23,3**

> Ich bin der gute Hirte. Ich kenne die, die zu mir gehören, und die zu mir gehören, kennen mich.
> **JOHANNES 10,14 BB**

Montagmorgen.

Gegen sechs trittst du aus dem Haus, die Woche beginnt kalt. Doch Schritt für Schritt wirst du wacher. Vorne an der Ecke wartet Gott schon. Wie jeden Morgen. Eure Wege kreuzen sich und ihr geht schweigend weiter. Noch ist es zu früh, etwas zu sagen. So oder so, es ist abgemacht: Ihr seid Weggefährten.

> Gott, dein guter Segen ist wie des Freundes Hand,
> die mich hält, die mich führt in ein weites Land.
> Guter Gott, ich bitte dich: Führe und begleite mich.
> **REINHARD BÄCKER**

MATTHÄUS 9,18–26

Dienstag 25
JULI

Mein Tag

Ich will dir danken vor der ganzen Gemeinde, vor allem Volk will ich dich loben.
PSALM 35,18 HFA

Ermuntert einander mit Psalmen und Lobgesängen und geistlichen Liedern, singt und spielt dem Herrn in eurem Herzen.
EPHESER 5,19

Meine Seele singe, denn die Nacht ist vorbei.
Mach dich auf und bringe deinem Gott Lob und Preis.
Alle Schöpfung juble, wenn der Tag nun anbricht.
Gottes Töchter und Söhne strahlen in seinem Licht.
ALBERT FREY, LIEDERMACHER UND MUSIKPRODUZENT

MATTHÄUS 9,27–31

Mein Tag

Mittwoch
26
JULI

MATTHÄUS 9,32–34

Adam versteckte sich
mit seiner Frau vor dem Angesicht
Gottes des HERRN.
1. MOSE 3,8

In der Liebe gibt es keine Furcht,
sondern die vollkommene
Liebe vertreibt die Furcht.
1. JOHANNES 4,18 BB

Echt sein! Keine Masken tragen.
Echt sein! Ehrlichkeit neu wagen.
Echt sein! Ich darf wirklich »ich« sein.
Echt sein vor Gott und vor mir.
Echt sein! Allein durch seine Liebe.
Echt sein! Keine Rollenspiele.
Echt sein! Befreit zu wahrem Leben.
Echt sein vor Gott und vor mir.
Und vor dir.
MARION UND CARSTEN GROß

Donnerstag
27
JULI

Mein Tag

Ich allein bin der HERR,
außer mir gibt es keinen Retter.
JESAJA 43,11 BB

Darin besteht das ewige Leben: dich zu erkennen, den einzig wahren Gott, und den, den du gesandt hast, Jesus Christus.
JOHANNES 17,3 BB

Stichwort: ewiges Leben

Leben im Reich Gottes und in unmittelbarer Gemeinschaft mit Gott nach der Auferstehung vom Tod. Also nicht die unendliche Verlängerung des irdischen Lebens, sondern die Beschreibung eines Lebens, das grundsätzlich nicht von Schuld geprägt und vom Tod begrenzt ist.
KURZERKLÄRUNG DER BASISBIBEL

Ich hör die Botschaft: Jesus lebt!
Doch seh ich nur: Die Welt erbebt,
weil Krankheit herrscht und Tod und Krieg.
Wo find ich Jesu Ostersieg? Herr, steh mir bei!

Ich hör die Botschaft: Jesus lebt!
Ihr Boten, die ihr Hoffnung gebt,
führt mich zum Auferstandnen hin,
dass ich bei ihm geborgen bin! Herr, steh mir bei!
FRIEDRICH HOFMANN

MATTHÄUS 9,35–38

Mein Tag

Freitag
28
JULI

Ihr, die ihr den Herrn liebt, hasst alles Böse!
PSALM 97,10 GN

Ihr könnt nicht beiden zugleich dienen: Gott und dem Geld.
MATTHÄUS 6,24 GN

Hilf, dass wir uns nicht von billigen Tricks blenden lassen.
Hilf, dass wir uns nicht von falschen Versprechen locken lassen.
Hilf, dass wir uns nicht vom schönen Schein kaufen lassen.

Amen.

MATTHÄUS 10,1–10

Mein Tag

Samstag
29
JULI

In der Zeit meiner Not suche
ich den Herrn;
meine Hand ist des Nachts
ausgereckt und lässt nicht ab.
PSALM 77,3

Jesus sprach zu den Jüngern:
Meine Seele ist betrübt bis an den
Tod; bleibt hier und wachet mit mir!
Und er ging ein wenig weiter,
fiel nieder auf sein Angesicht
und betete.
MATTHÄUS 26,38–39

Das Gebet verbindet die Seele mit Gott.
JULIANE VON NORWICH

Sei bei mir, wenn wieder die Welle kommt,
wenn ich mich mitten in dieser Menge unheimlich alleine fühle
und trotz vieler Freunde einsam bin.
Wenn alle lachen, während ich einfach nur weinen könnte.
Gib mir Sicherheit, dass du gerade dann besonders bei mir bist,
weil du mich so gut kennst wie niemand anderer
und wir uns auch ohne Worte verstehen.

MATTHÄUS 10,16–20

Mein Tag

Sonntag
30
JULI

Ich erzähle dir meine Wege,
und du erhörst mich;
lehre mich deine Gebote.

PSALM 119,26

Tu, was du kannst,
und bete um das,
was du nicht kannst,
so wird Gott dir geben,
dass du es kannst.

AUGUSTINUS,
KIRCHENLEHRER UND PHILOSOPH IM 4. JAHRHUNDERT

Wenn wir wissen, dass er uns hört,
worum wir auch bitten, so wissen
wir, dass wir erhalten, was wir von
ihm erbeten haben.

1. JOHANNES 5,15

Gott, ich brauche deine Hilfe,
weil mir Folgendes einfach nicht gelingt:

_____
_____
_____
_____

MATTHÄUS 10,29–33

Mein Tag

Montag
31
JULI

An meine Vergehen sollst du nicht
denken – auch nicht an die Sünden
aus meinen Jugendtagen!
Denk so an mich, wie es deiner Güte
entspricht! Du meinst es doch gut
mit mir, HERR.
PSALM 25,7 BB

Jesus spricht zu Nikodemus:
Wundere dich nicht, dass ich dir
gesagt habe: Ihr müsst von oben her
neu geboren werden.
JOHANNES 3,7 BB

Ein Mensch ruht dann in der Vergebung der Sünde,
wenn der Gedanke an Gott ihn nicht an die Sünde erinnert,
sondern daran, dass sie vergeben ist.
SÖREN KIERKEGAARD, DÄNISCHER PHILOSOPH IM 19. JAHRHUNDERT

Wenn keiner mehr einen Cent auf mich setzen würde,
weil schon so viele Chancen ungenutzt verstrichen sind.
Wenn niemand mehr bereit ist, sich noch weiter für mich einzusetzen,
weil zu viel Mist gebaut wurde.
Dann bist du weiter für mich. Dann meinst du es wieder gut mit mir.
Dann glaubst du an mich. Weil du weißt, was noch in mir steckt.

MATTHÄUS 11,1–6

August

08 / 23

Du bist mein Helfer, und unter dem Schatten deiner Flügel frohlocke ich.

PSALM 63,8

	07	14	21	28	**MONTAG**
01	08	15	22	29	**DIENSTAG**
02	09	16	23	30	**MITTWOCH**
03	10	17	24	31	**DONNERSTAG**
04	11	18	25		**FREITAG**
05	12	19	26		**SAMSTAG**
06	13	20	27		**SONNTAG**

Mein Tag

Dienstag
01
AUGUST
BUNDESFEIER CH

Das ist meine Freude, dass ich mich zu Gott halte und meine Zuversicht setze auf Gott den Herrn, dass ich verkündige all dein Tun.
PSALM 73,28

Der Geheilte ging mit Petrus und Johannes in den Tempel, lief und sprang umher und lobte Gott.
APOSTELGESCHICHTE 3,8

Freudensprünge voller Zuversicht,
uns erwartet eine tolle Aussicht!
Die Nacht wird enden,
das Blatt sich wenden!
Du lässt Wunder geschehen
und die Sonne wieder aufgehen!

MATTHÄUS 11,25–27

Mein Tag

Mittwoch
02
AUGUST

In der Angst rief ich den HERRN an;
und der HERR erhörte mich
und tröstete mich.

PSALM 118,5

Paulus schreibt: Wir sind zuversichtlich und haben keine Angst um euch. Denn ihr werdet zwar leiden müssen wie wir, aber genauso werdet ihr auch Gottes Trost und Ermutigung erfahren wie wir.

2. KORINTHER 1,7 HFA

Laut schreit die Angst. Ihr Dröhnen hat mich im Griff.
Doch ein Augenblick der Zuversicht
und ich höre leise: Trau dich! Zähl auf mich!
Dann wag ich's, einfach weil du mit mir bist.

MATTHÄUS 11,28–30

Donnerstag
03
AUGUST

Mein Tag

Eure Liebe ist wie der Tau,
der frühmorgens vergeht!
HOSEA 6,4

Wenn ich in den unterschiedlichsten Sprachen der Welt, ja, sogar in der Sprache der Engel reden kann, aber ich habe keine Liebe, so bin ich nur wie ein dröhnender Gong oder ein lärmendes Becken.
1. KORINTHER 13,1 HFA

Ein Tröpflein Liebe ist mehr wert als ein ganzer Sack voll Geld.
FRIEDRICH VON BODELSCHWINGH

Während ich meine Kosten-Nutzen-Rechnung erkläre,
machst du mir klar, wie wertvoll es wäre,
stattdessen den Wunsch zu hegen
mehr zu geben als zu nehmen.

MATTHÄUS 12,1–8

Mein Tag

Freitag 04
AUGUST

Der Mensch hat zwei Augen und zwei Ohren, aber nur eine Zunge: Er soll also nur halb so viel reden wie sehen und halb so viel reden wie hören.
MAHATMA GANDHI

Sei nicht vorschnell mit deinem Mund! Lass dich von deinem Herzen nicht dazu drängen, unnötige Worte vor Gott auszusprechen. Denn Gott ist im Himmel, du aber bist auf der Erde. Deshalb lass es mit wenigen Worten genug sein.
PREDIGER 5,1 BB

Ihr sollt andere nicht verurteilen, damit Gott euch nicht verurteilt.
MATTHÄUS 7,1 BB

Nur halbherzig hingehört und dann zu schnell in eine Schublade gesteckt. Gehässige Gedanken zu Worten gemacht nur um auch etwas gesagt zu haben. Auf Kosten anderer zynische Kommentare abgegeben und alles schlecht geredet. Lass uns lieber den Mund geschlossen halten bis wir mehr sehen als den ersten Eindruck. Lass uns lieber die Ohren offen halten bis du gute Gedanken in unseren Köpfen kreisen lässt. Lass uns lieber die Zunge still halten bis du uns die richtigen Worte in den Mund legst.

Amen.

MATTHÄUS 12,9–14

Mein Tag

Samstag
05
AUGUST

Hör meine Worte, HERR!
Versteh, warum ich so seufze!
Gib acht auf meinen Hilfeschrei,
wenn ich zu dir bete.
PSALM 5,2.3 BB

Für alles, worum ihr im Gebet
bittet, gilt: Glaubt fest daran,
dass ihr es bekommt,
dann wird es euch geschehen.
MARKUS 11,24 BB

To do:

Ein Gebetstagebuch führen und erleben: Gott hört Gebete. Auch wenn sich nicht alle Bitten erfüllen, wird eines gewiss: Beten bedeutet Beziehung.

Mit Tränen. Mit Freude. Mit Wut. Mit Verzweiflung. Mit Zuversicht.
Mit Enttäuschung. Mit Schreien. Mit Seufzen.
Egal, wie ich bete: Ich weiß mich bei dir willkommen.

Amen.

MATTHÄUS 12,15–21

Mein Tag

Sonntag
06
AUGUST

Unsere Väter hofften auf dich;
und da sie hofften,
halfst du ihnen heraus.
PSALM 22,5

Voll Mitleid und Erbarmen
ist der Herr.
JAKOBUS 5,11

Lasst uns miteinander teilen und voneinander hören: Nicht nur die bad news, die Katastrophenfälle und Hiobsbotschaften, sondern vielmehr all die Rettungstaten, Himmelsmomente, Glaubensberichte und Hoffnungsgeschichten. Dass wir Trost spüren mitten im Alltag und entdecken: Immer wird auch geliebt, gehofft, geglaubt, geholfen.

Amen.

MATTHÄUS 12,46–50

Montag
07
AUGUST

Mein Tag

Josef blieb im Gefängnis,
aber der HERR war mit ihm.

1. MOSE 39,20.21

Um Mitternacht beteten Paulus
und Silas und lobten Gott.
Und es hörten sie die Gefangenen.

APOSTELGESCHICHTE 16,25

gefangen
in Sorge um die Zukunft
in Lebensenge
in Einsamkeit
den Blick auf Gott richten
über Grenzen hinweg
auf seine unbegrenzten Möglichkeiten

Herr Jesus Christus, du warst arm und elend,
gefangen und verlassen wie ich.
Du kennst alle Not der Menschen, du bleibst bei
mir, wenn kein Mensch mir beisteht,
du vergisst mich nicht und suchst mich.
Herr, was dieser Tag auch bringt, dein Name
sei gelobt!

DIETRICH BONHOEFFER

MATTHÄUS 13,1–9.18–23

Mein Tag

Dienstag
08
AUGUST

> Mein Volk soll satt werden von meinen guten Gaben. Darauf gebe ich, der HERR, mein Wort.
> JEREMIA 31,14 HFA

B efähigt
E rfinderisch
G estalterisch
A usdrucksvoll
B egnadet
T ätig

> Jeder soll dem anderen mit der Begabung dienen, die ihm Gott gegeben hat. Wenn ihr die vielfältigen Gaben Gottes in dieser Weise gebraucht, setzt ihr sie richtig ein.
> 1. PETRUS 4,10 HFA

Am Ende wirst du nicht danach fragen, wer berühmt oder erfolgreich geworden ist. Sondern einfach: Hast du deine Talente und Begabungen eingesetzt? Bist du du selbst geworden? Deshalb lass mich andere nicht neidisch beäugen, sondern wertschätzend auf mich selbst und andere blicken. Lass mich entdecken, was mich einzigartig macht, welche Gaben du in mich gelegt hast und was ich anderen zu geben habe.

Amen.

MATTHÄUS 13,10–14

Mein Tag

Mittwoch
09
AUGUST

Großen Frieden haben,
die dein Gesetz lieben;
sie werden nicht straucheln.
PSALM 119,165

Das Wort, in dem Christus
gegenwärtig ist, wohne in reichem
Maß bei euch. Lehrt einander
und ermahnt euch gegenseitig.
Tut das in aller Weisheit.
KOLOSSER 3,16 BB

Wer die heiligen Worte hütet, wird von ihnen behütet.
THOMAS VON AQUIN

Aus Buchstaben werden Worte. Sätze. Wirklichkeit.
Schöpferische Wortmacht. Mit Kraft von oben.
Die bewegt. Die berührt. Die verbindet und heilt.
Die auf Dich weist. Mitten unter uns.

MATTHÄUS 13,24–30

Mein Tag

Donnerstag
10 AUGUST

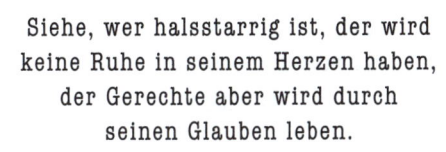

Siehe, wer halsstarrig ist, der wird keine Ruhe in seinem Herzen haben, der Gerechte aber wird durch seinen Glauben leben.

HABAKUK 2,4

Legt alles Gemeine und Schlechte ab und nehmt bereitwillig das Wort an, das Gott euch ins Herz gepflanzt hat. Es hat die Macht, euch zu retten.

JAKOBUS 1,21 GN

Sei gnädig! Wenn ich mir mit meinem Sturkopf selbst im Weg stehe.
Sei gnädig! Wenn ich dich eigensinnig aus meinem Leben aussperre.
Sei gnädig! Wenn ich andere rechthaberisch vor den Kopf stoße.
Sei gnädig! _____
Sei gnädig! _____

Amen.

MATTHÄUS 13,31–33

Mein Tag

Freitag
11
AUGUST

Gott weiß, was in der Finsternis ist, und bei ihm wohnt das Licht.
DANIEL 2,22

Das Licht scheint in der Finsternis.
JOHANNES 1,5

Gott, bitte leuchte für alle, die im Dunkeln stehen. Für die, die von der Dunkelheit der Angst, der Sinnlosigkeit, der Trauer oder der Verzweiflung umfangen sind. Schenke Lichter deiner Nähe, die alle Finsternis vertreibt und auch die dunkelsten Nächte erhellt!

Amen.

MATTHÄUS 13,44

Mein Tag

Samstag
12
AUGUST

Mein Herz ist fröhlich
in dem HERRN.
1. SAMUEL 2,1

Freut euch, dass eure Namen im
Himmel geschrieben sind.
LUKAS 10,20

To do:

Sammle Fröhlichkeiten,
Frohsinne und Daseinsfreuden!
Deine persönlichen und die von anderen.

lass sie mich entdecken
die Spuren der Lebendigkeit
und was sie in mir wecken
wenn du zu mir sprichst:
Gut, dass du bist.

MATTHÄUS 13,45–46

Sonntag 13 AUGUST

Mein Tag

Gott tut große Dinge, die nicht zu erforschen, und Wunder, die nicht zu zählen sind.
HIOB 9,10

Gelobt sei Gott, der Vater unseres Herrn Jesus Christus, der uns gesegnet hat mit allem geistlichen Segen im Himmel durch Christus.
EPHESER 1,3

To think:
Vielleicht erleben nur diejenigen Wunder, die an Wunder glauben?

Guter Gott,
öffne an jedem Morgen
mir die Augen neu,
nicht nur für das, was ist,
sondern auch für das,
was werden könnte.

Beflügele meine Fantasie
mit den Bildern
deiner neuen Welt,
und schenk mir Geduld und Geschick,
um sie einzuzeichnen
in die Straßen meiner Stadt.
TINA WILLMS

MATTHÄUS 13,54–58

Mein Tag

Montag
14
AUGUST

> Tu deinen Mund auf für die
> Stummen und für die Sache aller,
> die verlassen sind.
> SPRÜCHE 31,8

Als die Nazis die Kommunisten holten,
habe ich geschwiegen; ich war ja kein Kommunist.
Als sie die Sozialdemokraten einsperrten,
habe ich geschwiegen; ich war ja kein Sozialdemokrat.
Als sie die Katholiken holten,
habe ich nicht protestiert; ich war ja kein Katholik.
Als sie mich holten, gab es keinen mehr,
der protestieren konnte.
MARTIN NIEMÖLLER

> Denkt an die Gefangenen,
> weil auch ihr Gefangene seid;
> denkt an die Misshandelten,
> weil auch ihr Verletzliche seid.
> HEBRÄER 13,3

Herr, unser Gott, Allmächtiger, wir bitten dich für unsere Brüder und Schwestern, die wegen ihres christlichen Glaubens benachteiligt und verfolgt werden: Gib ihnen Kraft, damit sie in ihrer Bedrängnis die Hoffnung nicht verlieren, und stärke sie. Wir bringen das Leid der verfolgten Menschen vor dich und die Klage aller, denen die Sprache genommen wurde. Herr, hilf ihnen! Wir vertrauen auf dein Erbarmen, du Menschenliebender.

GEBET DER ORTHODOXEN KIRCHENGEMEINDE KÖLN

MATTHÄUS 14,1–12

Dienstag

15
AUGUST

Mein Tag

Wenn eines Menschen Wege
dem HERRN wohlgefallen,
so lässt er auch seine Feinde mit
ihm Frieden machen.
SPRÜCHE 16,7

Liebt eure Feinde und bittet für die,
die euch verfolgen,
auf dass ihr Kinder seid eures
Vaters im Himmel.
MATTHÄUS 5,44–45

Liebe ist die einzige Kraft, die einen Feind in einen Freund verwandelt.
MARTIN LUTHER KING,
THEOLOGE UND BÜRGERRECHTLER

Gott der Herr möge uns behüten vor aller Besserwisserei
und uns beflügeln, Freiheit und Fantasie zu nutzen,
um Feinde in Freunde zu verwandeln.
Er lösche langsam in uns jedes Vorurteil,
langsam, denn wir stecken bis über beide Ohren voll davon.
Er schenke uns von Seiner Vielfalt ein Stückchen Großmut
und führe uns nicht in Haarspaltereien, Gedankenenge und Geistesnot.
Darum bitten wir ihn von Herzen.
HANNS DIETER HÜSCH

MATTHÄUS 14,13–21

Mein Tag

Mittwoch 16 AUGUST

> Wir sind vor dir nur Gäste auf dieser Erde, Fremde ohne Bürgerrecht, so wie unsere Vorfahren. Unser Leben ist vergänglich wie ein Schatten. Dem Tod können wir nicht entfliehen.
>
> 1. CHRONIK 29,15 HFA

Da ich aber überzeugt davon bin, dass dieses Leben nicht alles ist, muss ich nicht krampfhaft versuchen, es möglichst vollzupacken oder zu verlängern. Und es hängt auch nicht mehr so viel davon ab, immer und überall die optimalste, ökonomischste und Erfolg versprechendste Entscheidung zu treffen. Wenn man konsequent davon ausgeht, dass das Beste erst noch kommt, relativiert sich nicht nur vieles Unschöne, sondern die gesamte Perspektive auf das Leben verändert sich. Das klingt vielleicht im ersten Moment etwas kompliziert, führt aber im Grunde dazu, dass man sich öfter mal sagt: »Na und?«, statt endlos über eine suboptimale Angelegenheit verärgert zu sein.

SAMUEL KOCH

> Wir verlieren nicht den Mut. Wenn auch unsere körperlichen Kräfte aufgezehrt werden, wird doch das Leben, das Gott uns schenkt, von Tag zu Tag erneuert.
>
> 2. KORINTHER 4,16 HFA

MATTHÄUS 14,22–33

Donnerstag
17
AUGUST

Mein Tag

Gideon sprach: Ich will nicht
Herrscher über euch sein,
sondern der HERR soll Herrscher
über euch sein.
RICHTER 8,23

Der Größte unter euch
soll euer Diener sein.
MATTHÄUS 23,11

Es gibt einen großen Menschen,
der andere sich klein fühlen lässt.
Aber der wirklich große Mensch ist der Mensch,
der jeden Menschen sich groß fühlen lässt.
GILBERT KEITH CHESTERTON

Es ist nicht wichtig, immer im Mittelpunkt zu stehen.
Es ist nicht wichtig, immer an der Spitze zu sein.
Es ist nicht wichtig, immer der Stärkere zu sein.
Wichtig ist es, sich nicht mit fremden Federn zu schmücken.
Wichtig ist es, niemanden an die Wand zu drücken.
Wichtig ist es, die Meinung anderer zu respektieren.
Wichtig ist es, dem Schwachen beizustehen.
Guter Gott, hilf mir, zu erkennen,
was in meinem Leben wirklich wichtig ist.

MATTHÄUS 15,21–28

Mein Tag

Freitag
18
AUGUST

Glücklich sind alle, die sich an seine Weisungen halten und von ganzem Herzen nach ihm fragen.
PSALM 119,2 HFA

Minderheiten (Auszug)

Lehre uns minderheit werden gott
in einem land das zu reich ist
zu fremdenfeindlich und zu militärfromm
paß uns an deine gerechtigkeit an
nicht an die mehrheit
bewahre uns vor der harmoniesucht
und den verbeugungen vor den großen zahlen

Sieh doch wie hungrig wir sind
nach deiner klärung
gib uns lehrerinnen und lehrer,
nicht nur showmaster mit einschaltquoten
sieh doch wie durstig wir sind
nach deiner orientierung
wie sehr wir wissen wollen was zählt

DOROTHEE SÖLLE

Wenn jemand auch nur das geringste Gebot Gottes für ungültig erklärt und andere dazu verleitet, dasselbe zu tun, wird er in Gottes himmlischem Reich nicht viel bedeuten. Wer sich aber nach Gottes Geboten richtet und sie anderen weitersagt, der wird in Gottes himmlischem Reich großes Ansehen haben.
MATTHÄUS 5,19 HFA

MATTHÄUS 15,29–39

Samstag
19
AUGUST

Mein Tag

Du, HERR, du kennst mich,
du siehst mich und prüfst,
ob mein Herz bei dir ist.

JEREMIA 12,3

Wir sollen uns an die Wahrheit
halten und uns von der Liebe leiten
lassen. So wachsen wir in jeder
Hinsicht dem entgegen,
der das Haupt ist: Christus.

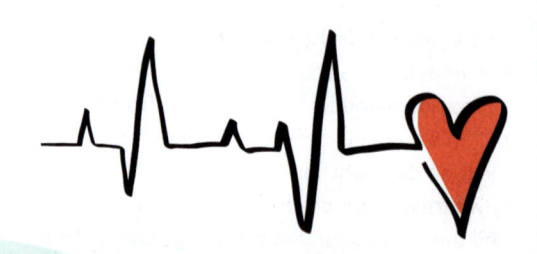

EPHESER 4,15 BB

Schenke mir ein Herz, das hört, wofür deines schlägt.
Öffne meine Sinne, dass ich deine Liebe spüren und weitergeben kann.
Leite mein Handeln, dass ich Verantwortung übernehme für das, was dir
wichtig ist.

Amen.

MATTHÄUS 16,5–12

Mein Tag

Sonntag
20
AUGUST

Gott sprach: Es werde Licht!
Und es ward Licht.
1. MOSE 1,3

Die Frucht des Lichts ist lauter
Güte und Gerechtigkeit
und Wahrheit.
EPHESER 5,9

Lass Licht werden in mir.
Lass Licht werden in meinem Geist, so dass ich gerecht sein kann.
Lass Licht werden in meiner Kehle, so dass ich Wahrheit spreche.
Lass Licht werden in meinem Herzen, um deine Güte zu spüren.
Lass Licht werden in mir und siehe, dass es gut ist.
IVONNE STAM

MATTHÄUS 16,13–18

Montag
21
AUGUST

Mein Tag

Ich will ihnen ein Herz geben, dass sie mich erkennen sollen, dass ich der HERR bin.
JEREMIA 24,7

Paulus schreibt: Betet für uns, dass Gott uns eine Tür für sein Wort öffne und wir das Geheimnis Christi verkündigen können.
KOLOSSER 4,3 ZB

Und einen Gott gibt es auch nicht, schleudert mir die verzweifelte Frau entgegen, wohl hoffend, ich würde protestieren.
GEORG SCHWIKART

Ewiger Gott, du bist unterwegs Türen zu öffnen für das Geheimnis deiner Liebe. Das tust du auf vielfältige Weise. Wir bitten dich: Nimm uns mit auf deinen Wegen. Hilf, dass auch wir unsere Türen öffnen für Menschen, die uns fremd sind. So werden wir immer wieder das Geheimnis deiner Nähe spüren.

MATTHÄUS 16,21–23

Mein Tag

Dienstag
22
AUGUST

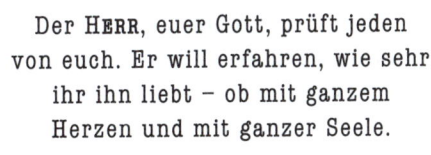

Der HERR, euer Gott, prüft jeden von euch. Er will erfahren, wie sehr ihr ihn liebt – ob mit ganzem Herzen und mit ganzer Seele.

5. MOSE 13,4 BB

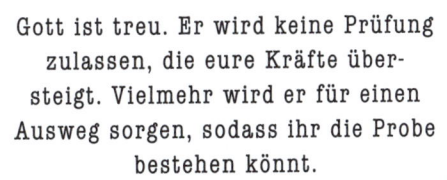

Gott ist treu. Er wird keine Prüfung zulassen, die eure Kräfte übersteigt. Vielmehr wird er für einen Ausweg sorgen, sodass ihr die Probe bestehen könnt.

1. KORINTHER 10,13 BB

Werden meine Kräfte reichen?
Schaffe ich es noch bis zum Ziel?
Wird am Ende alles gut werden?
Ich will mein Bestes geben
Dir zu vertrauen
Weil du das Beste für mich willst

MATTHÄUS 16,24–26

Mittwoch
23
AUGUST

Mein Tag

Ich will der Gnade des HERRN gedenken und der Ruhmestaten des HERRN in allem, was uns der HERR getan hat.
JESAJA 63,7

Ihr habt schon geschmeckt, dass der Herr freundlich ist.
1. PETRUS 2,3

Meine heutige Essensbilanz:

– 1 Müsli
– 1 Apfel
– 3 Kaugummis
– 1x Spaghetti Bolognese
– 1 Cappuccino
– 1 großes Vanille-Eis (mit Sahne)
– 1 Burger, mit Pommes
– 1 Packung Erdnüsse
– Und jetzt noch: 3 Gummibärchen, damit ich besser schlafe
– So viel gegessen und für selbstverständlich genommen, wovon anderswo schon die Hälfte ein riesiges Festmahl wäre.

MATTHÄUS 17,1–9

Mein Tag

Donnerstag
24
AUGUST

Der HERR sprach zu mir:
Du bist mein Knecht, Israel, durch
den ich mich verherrlichen will.
JESAJA 49,3

Gott hat das Wort dem Volk Israel
gesandt und Frieden verkündigt
durch Jesus Christus, welcher ist
Herr über alles.
APOSTELGESCHICHTE 10,36

Niemand erzählte je mit leuchtenderen Augen von Gott und Mensch als der Mann aus Galiläa. In Jesus wurde Gott anschaulich.

ANDREAS KNAPP

MATTHÄUS 17,14–20

Freitag
25
AUGUST

Mein Tag

Ich dachte: Vergeblich habe ich mich abgemüht, für nichts und wieder nichts meine Kraft vergeudet. Dennoch weiß ich, dass der HERR für mein Recht sorgt, von ihm, meinem Gott, erhalte ich meinen Lohn.
JESAJA 49,4 HFA

Meine Brüder und Schwestern, wartet geduldig, bis der HERR kommt. Muss nicht auch der Bauer mit viel Geduld abwarten, bis er die kostbare Ernte einfahren kann? Er weiß, dass die Saat dazu den Herbstregen und den Frühlingsregen braucht.
JAKOBUS 5,7 HFA

Aufbruch

Bei Wind und Wetter
sich aufmachen
aus der Komfortzone:

den Weg suchen,
sich aussetzen allem,
was kommt,
und vertrauen,
dass das Ziel
alle Mühe lohnt.

MATTHÄUS 17,24–27

Mein Tag

Samstag
26
AUGUST

Brich dem Hungrigen dein Brot!
JESAJA 58,7

Gutes zu tun und mit andern zu teilen vergesst nicht; denn solche Opfer gefallen Gott.
HEBRÄER 13,16

Satt ist nicht genug!
Zukunft braucht gesunde Ernährung.
Hunger hat verschiedene Gesichter: Jeder neunte Mensch auf der Welt hungert. Gleichzeitig gibt es aber auch viele Menschen, die zwar genügend Kalorien zu sich nehmen, sich aber trotzdem nicht optimal geistig und körperlich entfalten können. Es fehlt ihnen an ausreichenden Vitaminen und Mineralien. Neben der Mangel- und Unterernährung tritt ein weiteres Ernährungsproblem auf: Immer mehr Menschen wiegen zu viel – in Industriestaaten sowie in Schwellen- und Entwicklungsländern.
BROT FÜR DIE WELT

Du Schöpferin dieser Erde, du Schöpferin aller Menschen!
Stärke den Kampf gegen die ungerechte Verteilung von Land, Nahrung und Wasser, damit weltweit sinnvollere und zielführende politische Entscheidungen zur Bewahrung unserer Lebensgrundlagen getroffen werden. Lass politisch Verantwortliche alles in ihrer Macht Stehende tun, um die Ernährung der Weltbevölkerung zu sichern. Lass einen Ausgleich geschehen zwischen Hunger und Überfluss!
Mach aus unseren Lippenbekenntnissen Taten, die uns auf neue Wege führen, um Leben und Lebensraum für alle zu erhalten.

Amen.

MATTHÄUS 18,1–5

Sonntag
27
AUGUST

Mein Tag

Der HERR, dein Gott,
hat dich gesegnet in allen Werken
deiner Hände.

5. MOSE 2,7

Aus seinem Reichtum hat er
uns beschenkt, uns alle mit
grenzenloser Güte überschüttet.

JOHANNES 1,16 GN

Hab keine Sorge, dass nicht genügt, was du bewirkst.
Hab keine Angst, dass nicht ausreicht, was du bewegst.
Hab keine Furcht, dass nicht zählt, was du tust.
Denn Du bist gesegnet! Vor Gott zählt, genügt und reicht immer aus: seine Güte.

Jesus, zu dir kann ich so kommen, wie ich bin.
Du hast gesagt, dass jeder kommen darf.
Ich muss dir nicht erst beweisen, dass ich besser werden kann.
Was mich besser macht vor dir, das hast du längst am Kreuz getan.

MANFRED SIEBALD

MATTHÄUS 18,10–14

Mein Tag

Montag
28
AUGUST

Wer gerecht über Menschen herrscht, der herrscht in Ehrfurcht vor Gott. Er ist wie die helle Morgensonne an einem klaren Morgen ohne Wolken.

2. SAMUEL 23,3–4 BB

Stichwort: Joch

Holzbalken, der Tieren über den Nacken gelegt wird, um einen Wagen oder Pflug zu ziehen. Hier Bild für ein Leben im Dienst von Jesus.

KURZERKLÄRUNG DER BASISBIBEL

Jesus spricht: Nehmt auf euch mein Joch und lernt von mir; denn ich bin sanftmütig und von Herzen demütig; so werdet ihr Ruhe finden für eure Seelen.

MATTHÄUS 11,29

Herr, du bist der Gott, der sein Volk aus der Sklaverei befreit und in die Freiheit geführt hat.
Du sendest Menschen aus, deine Freudenbotschaft zu verkündigen und deine Kinder zu dir zu bringen. Du gibst uns Mut, aufzustehen und für die Freiheit zu kämpfen.
Du bringst uns Menschen zusammen, um in Freiheit zu leben und fröhlich miteinander zu feiern.
Du befreist uns von den Ketten der Vergangenheit.
Du führst uns in dein zukünftiges Reich.

GEDENKGOTTESDIENST 2013 AN DIE ABSCHAFFUNG DER SKLAVEREI IN SURINAME

MATTHÄUS 18,19–20

Dienstag
29
AUGUST

Mein Tag

Ich bin der HERR, dein Gott, der dich lehrt, was dir hilft, und dich leitet auf dem Wege, den du gehst.
JESAJA 48,17

Maria setzte sich dem Herrn zu Füßen und hörte seiner Rede zu.
LUKAS 10,39

To do:
Werde einen Augenblick ruhig und höre genau hin, was dir die Stille zu sagen hat.

Gott, meine Ohren hören tausend Stimmen, werden müde.
Ich will nicht mehr verstehen, was ohne Unterbrechung zu mir dringt.
Hilf mir zu unterscheiden, was wesentlich für mich ist.
Schenke mir, Gott, die Gabe Marias, zu hören
und das Gehörte im Herzen zu bewegen.
SUSANNE BREIT-KESSLER

MATTHÄUS 18,21–35

Mein Tag

Mittwoch
30
AUGUST

> HERR, verdirb dein Volk und dein Erbe nicht, das du durch deine große Kraft erlöst hast!
>
> 5. MOSE 9,26

Gott versucht immer, uns Gutes zu geben, aber unsere Hände sind zu voll, um es zu empfangen.

AUGUSTINUS, KIRCHENLEHRER UND PHILOSOPH IM 4. JAHRHUNDERT

Gott hat seinen eigenen Sohn nicht verschont. Vielmehr hat er ihn für uns alle in den Tod gegeben. Wenn er uns aber seinen Sohn geschenkt hat, wird er uns dann nicht auch alles andere schenken?

RÖMER 8,32 BB

Guter Gott, du willst uns in deiner Güte mehr geben, als wir verdienen. Wir aber füllen unsere Leben mit dem, was nicht erfüllt. Hilf uns loszulassen, woran wir festhalten, damit wir mit leeren Händen empfangen können, was wirklich zum Leben führt.

Amen.

MATTHÄUS 19,1–6

Donnerstag 31
AUGUST

Mein Tag

Der HERR machte sein Volk mit Brot vom Himmel satt. Er ließ Wasser aus dem Felsen fließen, mitten in der Wüste strömte es heraus. Ja, Gott hat Wort gehalten!
PSALM 105,40–42 HFA

Unser tägliches Brot gib uns heute.
MATTHÄUS 6,11

Lass mich heute aufmerksam sein für Bedürfnisse und deine Fürsorge wahrnehmen.

Amen.

MATTHÄUS 19,13–15

September

09 / 23

Jesus Christus spricht:
Wer sagt denn ihr, dass ich sei?
MATTHÄUS 16,15

	04	11	18	25	**MONTAG**
	05	12	19	26	**DIENSTAG**
	06	13	20	27	**MITTWOCH**
	07	14	21	28	**DONNERSTAG**
01	08	15	22	29	**FREITAG**
02	09	16	23	30	**SAMSTAG**
03	10	17	24		**SONNTAG**

Mein Tag

Freitag
01
SEPTEMBER

Du hast dich müde gemacht
mit der Menge deiner Pläne.
JESAJA 47,13

Haltet euch nicht selbst für klug.
RÖMER 12,16

Was Vorsatz bleibt, ist genauso wertlos, als ob es nie gedacht worden wäre.

ALBERT JENNY

Die Zeit drängt. Wir können als Menschheit nur innerhalb der ökologischen Grenzen unseres Planeten leben. Nachhaltiges Leben und ein achtsamer Umgang mit der Schöpfung muss uns rund um den Globus gelingen, um den Klimawandel aufzuhalten. Ziele wurden gesetzt, Vorsätze gefasst, Pläne geschmiedet. Doch dabei dürfen wir es nicht belassen! Bitte lass uns nicht nur über die Umsetzung verhandeln, sondern auf allen Ebenen tatsächlich handeln. Lass uns tun, was wir können, um das Klima und damit unser Leben auf der Erde zu schützen und deine Schöpfung zu bewahren.

MATTHÄUS 19,16–22

Mein Tag

Samstag
02
SEPTEMBER

Du sollst kein falsches
Gerücht verbreiten.
2. MOSE 23,1

Legt das Lügen ab und sagt
zueinander die Wahrheit;
denn wir alle sind Glieder am
Leib von Christus.
EPHESER 4,25 GN

Nicht nur manchmal
neige ich den Kopf
will lieber versteckt bleiben
den Schutzwall nicht einreißen
als wirklich angesehen zu werden

Nicht nur manchmal
trage ich eine Maske
will lieber den Eindruck erwecken
die Coolness nicht aufgeben
als ungeschminkt ehrlich zu sein

Nicht nur manchmal
sehne ich mich nach Wahrheit
will lieber die Scheinwelt verlassen
durch deinen Geist frei werden
als hinter Fassaden allein zu sein

MATTHÄUS 19,23–26

Sonntag 03 SEPTEMBER

Mein Tag

Schau doch vom Himmel herab, wo du in Heiligkeit und Pracht wohnst! Wo sind deine brennende Liebe und deine Macht?
JESAJA 63,15 BB

Wir dürfen durch den Geist Gottes hoffen, aufgrund des Glaubens vor Gott als gerecht zu gelten.
GALATER 5,5 BB

To think:
Vielleicht kann ich Gottes Liebe und Macht erst erfahren, wenn ich meine wunden Punkte nicht mehr verstecke, sondern von ihm berühren lasse?

Gott,
komm wir lassen
heute mal das Versteckspielen.

Zeig dich so
wie du bist.

Ich will es auch tun.
Versprochen ist versprochen!
PETER SCHOTT

MATTHÄUS 19,27–30

Mein Tag

Montag 04
SEPTEMBER

Mein Gott, betrübt ist meine Seele in mir, darum gedenke ich an dich.
PSALM 42,7

Ich will euch nicht als Waisen zurücklassen; ich komme zu euch.
JOHANNES 14,18

Wir sind nicht trostlos unterwegs.
Auch wenn es manchmal fast so scheint.
Wenn unsre Kräfte nicht mehr reichen
und mancher zu versagen meint.
Wir sind nicht trostlos unterwegs.
Wir sind nicht mutterseelenallein.
Gott hat sich lang schon festgelegt,
er will an unsrer Seite sein.
CHRISTOPH ZEHENDNER

Wenn ich mich einsam fühle, wenn Traurigkeit mein Herz erfüllt, dann sei du bei mir.
Wenn ich die Welt nicht mehr verstehe, wenn mich niemand mehr versteht, dann sei du bei mir.
Wenn Fluten über mir zusammenschlagen, wenn ich denke, es geht nicht mehr, dann sei du bei mir.
Wenn ich mich im Alltag verliere, wenn ich auf der Suche nach mir selber bin, dann sei du bei mir.
Denn du bist Weg und Ziel, du bist die Hand, die mich führt.
SYBILLE BURKERT

MATTHÄUS 20,1–16

Mein Tag

Dienstag
05
SEPTEMBER

Eure Schuld und alle eure Sünden habe ich euch vergeben. Sie sind verschwunden wie Wolken, wie Nebelschwaden in der Sonne. Kommt zurück zu mir, denn ich habe euch erlöst!
JESAJA 44,22 HFA

Gott hat den Schuldschein, der uns mit seinen Forderungen so schwer belastete, für ungültig erklärt. Ja, er hat ihn zusammen mit Jesus ans Kreuz genagelt und somit auf ewig vernichtet.
KOLOSSER 2,14 HFA

Danke für deinen Geist der Freiheit, der durch mein Leben weht und mich durchatmen lässt. Für deine Vergebung, die mich nicht festnagelt auf das, was gewesen ist, sondern abschüttelt, worin ich mich verheddert habe. Für deine Erlösung, die auflöst, was mich bindet und mich unbeschwerter und leichter macht.

Amen.

MATTHÄUS 20,20–23

Mein Tag

Mittwoch
06
SEPTEMBER

Sagt die Wahrheit, wenn ihr miteinander redet, der eine mit dem andern! Liebt die Wahrheit und haltet Frieden, wenn ihr in euren Toren zu Gericht sitzt.
SACHARJA 8,16 BB

Wir wollen uns für das einsetzen, was dem Frieden und dem Aufbau unserer Gemeinschaft dient.
RÖMER 14,19 BB

Was ist der Unterschied zwischen einem Menschen, der die Wahrheit liebt, und einem der die Lüge hasst? Der die Lüge hasst, hasst die ganze Welt, denn es gibt keinen Menschen, in dem nicht ein klein wenig Lüge ist. Aber derjenige, der die Wahrheit liebt, der liebt die ganze Welt, denn es gibt keinen Menschen, in dem nicht ein klein wenig Wahrheit steckt.
CHASSIDISCHE WEISHEIT

MATTHÄUS 20,24–28

Mein Tag

Donnerstag
07
SEPTEMBER

Frage doch zuerst nach
dem Wort des HERRN!
2. CHRONIK 18,4

Bleibe bei dem, was du gelernt hast
und was dir anvertraut ist.
2. TIMOTHEUS 3,14

Diese fiesen Lügen und Anschuldigen schwirren in meinem Kopf herum. Sie machen sich breit und lassen mich nicht mehr los. Wie hat mich das alles verletzt! Vor allem die Aussage, dass ich zu nichts zu gebrauchen sei. Das tut so weh! Aber ich will das nicht mehr an mich ranlassen. Deine Wahrheit, deine Zusagen, dein Trost soll in meine Gedanken dringen: Ich bin ein Kind Gottes. Ein Kind Gottes. Ich bin ein geliebtes Kind Gottes!

Amen.

MATTHÄUS 20,29–34

Mein Tag

Freitag 08 SEPTEMBER

Deine Toten werden leben.
JESAJA 26,19

Wir sind von einer großen Menge von Zeugen wie von einer Wolke umgeben. Darum lasst uns alle Last abwerfen, besonders die der Sünde, in die wir uns so leicht verstricken.
HEBRÄER 12,1 BB

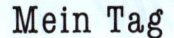

Man kann eigentlich nur richtig leben, wenn man sich so im Leben verankert, dass man mit den Menschen, die vor uns waren und den Menschen, die nach uns sein werden, verbunden ist. Wenn man diese Verbindung zerstört und sich auf ein Single-Dasein beschränkt, dann zerstört man sich selbst. Ich fand es wichtig, für die Toten von Hiroshima und Nagasaki auf die Straße zu gehen. Sie gingen mit uns, und das wußten auch die Machthaber, die spürten, dass wir ein unsichtbares Heer bei uns hatten. Wir waren nicht allein, wir waren auch viel mehr als die Aufrüster, weil die immer die um ihr Leben betrogenen Toten der Kriege gegen sich haben.
DOROTHEE SÖLLE

AMOS 1,1–5

Samstag
09
SEPTEMBER

Mein Tag

Niemals vergisst er seinen Bund mit uns, sein Versprechen gilt tausend Generationen.
PSALM 105,8 GN

Gott nimmt seine Gnadengeschenke nicht zurück, und eine einmal ausgesprochene Berufung widerruft er nicht.
RÖMER 11,29 GN

Unsere eigene Ohnmacht ändert nichts an Gottes Verheißung.
CHARLES HADDON SPURGEON

Wer bin ich, dass du mich rufst?
Was kann ich, dass du mich brauchst?
Was habe ich, dass ich geben kann?
Es ist nicht immer leicht:
Zu glauben, dass ich wertvoll bin.
Zu glauben, dass mein Leben für etwas gut ist.
Zu glauben, dass du mich reich beschenkst.
Dennoch:
Du machst mir Mut, meinen Wert zu sehen.
Du machst mir Mut, mich nicht zu verstecken.
Du machst mir Mut, deinen Segen weiterzugeben!

AMOS 2,4–7

Mein Tag

Sonntag
10
SEPTEMBER

Gott hat mich wachsen lassen in dem Lande meines Elends.
1. MOSE 41,52

Wir danken Gott auch für die Leiden, die wir wegen unseres Glaubens auf uns nehmen müssen. Denn Leid macht geduldig, Geduld aber vertieft und festigt unseren Glauben, und das wiederum stärkt unsere Hoffnung.
RÖMER 5,3–4 HFA

Die Verzweiflung schickt uns Gott nicht, um uns zu töten. Er schickt sie uns, um neues Leben in uns zu erwecken.
HERMANN HESSE

Du verlorest die Geduld nicht, Herr Jesus Christus,
wie viele Male wurde ich ungeduldig.
Wollte verzagen,
wollte alles aufgeben,
wollte den furchtbar leichten Ausweg suchen:
die Verzweiflung.
Aber du verlorest die Geduld nicht.
Dein ganzes Leben hieltest du aus und littest,
um auch mich zu erlösen.
SÖREN KIERKEGAARD

AMOS 3,1–8

Montag
11
SEPTEMBER

Mein Tag

> Besser ist es, beim HERRN Zuflucht zu suchen, als Menschen zu vertrauen.
> **PSALM 118,8**

Paulus schreibt: Als ich mich zum ersten Mal vor Gericht verteidigen musste, stand mir niemand zur Seite. Im Gegenteil: Alle haben mich im Stich gelassen. Gott möge ihnen das nicht als Schuld anrechnen! Doch der Herr stand mir bei und gab mir Kraft.
2. TIMOTHEUS 4,16–17 BB

Ich weiß, dass ich jemanden in meiner Nähe habe, dem ich rückhaltlos vertrauen kann, und das ist etwas, was Ruhe und Kraft gibt.
EDITH STEIN

Auch wenn ich mich verloren fühl, bist du da.
Auch wenn ich dich nicht immer spür, bist du nah.
Mit allem, was ich bin, will ich dich loben.
Mit meiner Stimme ruf ich aus: »Du bist treu!«
Mit allem, was ich bin, will ich dich lieben.
Von Herzen sing ich dir, denn du bist mein Gott!
Du schenkst Leben, gibst mir Hoffnung für alle Zeit,
bist mein Schöpfer und Erlöser für alle Zeit.
OUTBREAKBAND

AMOS 4,6–8.12–13

Mein Tag

Dienstag
12
SEPTEMBER

Der HERR spricht: Ihr habt gesehen, wie ich euch getragen habe auf Adlerflügeln und euch zu mir gebracht.
2. MOSE 19,4

Werft euer Vertrauen nicht weg, welches eine große Belohnung hat.
HEBRÄER 10,35

Lobe den Herren, der alles so herrlich regieret,
der dich auf Adelers Fittichen sicher geführet,
der dich erhält, wie es dir selber gefällt;
hast du nicht dieses verspüret?
JOACHIM NEANDER

AMOS 5,4–7

Mein Tag

Mittwoch
13
SEPTEMBER

Ich will dich in der Gemeinde rühmen, HERR.
PSALM 22,23

Jesus betet für seine Jünger: Die Herrlichkeit, die du mir gegeben hast, habe ich nun auch ihnen gegeben, damit sie eins sind, so wie wir eins sind.
JOHANNES 17,22 NGÜ

To think:

Das Vaterunser – ein Gebet, das alle Christen und Christinnen vereint. Jesus selbst hat es gelehrt und er sagt eben nicht »Mein Vater im Himmel«, sondern: »Vater Unser«. Damit unser Gebet ein gemeinsames ist!

Herr Jesus Christus, du hast gebetet, dass alle eins seien. Wir bitten dich um die Einheit der Christen nach deinem Willen und auf deinen Wegen. Dein Geist schenke uns, den Schmerz der Trennung zu erleiden, unsere Schuld zu erkennen und über jede Hoffnung hinaus zu hoffen.
GEBET DER GEMEINSCHAFT CHEMIN NEUF

AMOS 5,11–15

Mein Tag

Donnerstag
14
SEPTEMBER

> Wie sich ein Vater über Kinder erbarmt, so erbarmt sich der HERR über die, die ihn fürchten.
> PSALM 103,13

Top five:

Ein toller Papa ...
1. ist immer ansprechbar
2. beschützt seine Kinder wie ein Löwe
3. nimmt seine Kinder an, so wie sie sind
4. will für seine Kinder nur das Allerbeste
5. freut sich über seine Kinder

Meine Top five:

_____
_____
_____
_____
_____

> So schlecht ihr auch seid, ihr wisst doch, was euren Kindern gut tut, und gebt es ihnen. Wie viel mehr wird euer Vater im Himmel denen Gutes geben, die ihn darum bitten.
> MATTHÄUS 7,11 GN

Gott, du bist Mutter und Vater zugleich und noch so viel mehr. Ich darf vor dir sein wie ein Kind. Ich darf dich um alles bitten. Ich darf dir erzählen, was mich bewegt. Du hörst mir zu, nimmst mich ernst und verstehst mich. Du wendest dich nicht ab, sondern bist jederzeit für mich da. Du schaust nicht auf das, was ich habe, was ich weiß, was ich kann, was ich leiste, sondern nimmst mich an, so wie ich bin. Du verurteilst mich nicht für meine Schwächen und Fehler. Du verzeihst und bist nicht nachtragend. Lass mich erfahren, wie wunderbar das ist!

AMOS 5,21–24

Amen.

Freitag
15
SEPTEMBER

Mein Tag

Mein Herz wendet sich gegen mich, all mein Mitleid ist entbrannt. Ich will nicht tun nach meinem grimmigen Zorn. Denn ich bin Gott und nicht ein Mensch, heilig in deiner Mitte.

HOSEA 11,8.9

Jesus spricht: Ich bin nicht gekommen, dass ich die Welt richte, sondern dass ich die Welt rette.

JOHANNES 12,47

Der an Totholz hängende Mensch macht offen sichtlich, wie vernagelt Menschen handeln können: nämlich Gutes mit Bösem zu vergelten. In einem aufs Kreuz gelegten Menschen wird dagegen sichtbar wozu Gott fähig ist: Nämlich Böses mit Gutem zu vergelten.

ANDREAS KNAPP

Wir stehen alle im Gericht und können nicht entfliehen.
Du aber, Herr, verwirfst uns nicht, hast noch am Kreuz verziehen.
Und wer sich recht am Kreuz erkennt,
bleibt nicht von dir und Gott getrennt;
hier wird ihm Gnad verliehen.

ARNO PÖTZSCH

AMOS 7,1–9

Mein Tag

Samstag
16
SEPTEMBER

Du führst, Herr, meine Sache und erlöst mein Leben.
KLAGELIEDER 3,58

Christus hat euch ein Beispiel gegeben, damit ihr seinen Spuren folgt. Wenn er beleidigt wurde, gab er es nicht zurück. Wenn er leiden musste, drohte er nicht mit Vergeltung, sondern überließ es Gott, ihm zu Recht zu verhelfen.
1. PETRUS 2,21.23 GN

Gewalt erzeugt immer wieder Gewalt und Terror immer wieder Terror.
Hass wird mit noch mehr Hass übertroffen und eine Beleidigung provoziert die nächste.
Wenn jeder Recht und das letzte Wort behalten will, bleiben wir gefangen in dieser endlosen Spirale.
Deshalb lass uns einen anderen Weg suchen. Gegen den Strom schwimmen.
Deinen Weg gehen und Dir das letzte Wort geben.

Amen.

AMOS 9,11–15

Mein Tag

Sonntag
17
SEPTEMBER

Kein Mensch im Land wird noch klagen, er sei von Krankheit und Schwäche geplagt; denn die Schuld des Volkes ist vergeben.
JESAJA 33,24

Christus spricht: Fürchte dich nicht! Ich bin der Erste und der Letzte und der Lebendige. Ich war tot, und siehe, ich bin lebendig von Ewigkeit zu Ewigkeit und habe die Schlüssel des Todes und der Hölle.
OFFENBARUNG 1,17–18

To think:
Der Tod ist wie eine verschlossene Tür. Was dahinter liegt, bleibt im Leben verborgen. Gott will uns wohl unbedingt überraschen.

Wo Menschenwege enden, fängt Gottes Weg erst an,
der alle Wege wenden und Welten lenken kann.
Wo Menschenmacht entschwindet, erst Gottes Macht beginnt,
der seine Kraft entbindet, wo unsre Kraft zerrinnt.
FRITZ WOIKE, DEUTSCHER DICHTER

JONA 1,1–16

Mein Tag

Montag
18
SEPTEMBER

Siehe, alle Menschen gehören mir.
HESEKIEL 18,4

Paulus schreibt: Ich bitte euch,
vor Gott einzutreten für
alle Menschen in Bitte, Gebet,
Fürbitte und Danksagung.
1. TIMOTHEUS 2,1

To do:
Weniger ich, mehr wir.

Herr, da ist der andere,
mit dem ich mich nicht verstehe.
Er gehört Dir,
Du hast ihn geschaffen,
Du hast, wenn nicht so gewollt,
ihn so gelassen, wie er eben ist.
Wenn Du ihn trägst, mein Gott,
will ich ihn auch tragen und ertragen,
wie Du mich trägst und erträgst.

Amen.

KARL RAHNER, JESUIT UND KATHOLISCHER THEOLOGE

JONA 2,1–11

Dienstag
19
SEPTEMBER

Mein Tag

Hoffet auf ihn allezeit, liebe Leute,
schüttet euer Herz vor ihm aus;
Gott ist unsre Zuversicht.
PSALM 62,9

In jener Zeit zog sich Jesus auf
einen Berg zurück, um zu beten.
Die ganze Nacht verbrachte
er im Gebet.
LUKAS 6,12 NGÜ

Das Gebet ersetzt keine Tat,
aber es ist eine Tat,
die durch nichts ersetzt werden kann.
HANS VON KELER

Terminerinnerung, Beten, 19.09.2023, 22.30 Uhr:
_____
_____
_____
_____
_____
_____
_____

JONA 3,1–10

Mein Tag

Mittwoch 20 SEPTEMBER

Wer den HERRN ehrt,
lebt sicher und geborgen.
SPRÜCHE 14,26 HFA

Das größte Glück besteht wohl darin,
in Jesus Christus etwas zu finden,
was einem noch wichtiger wird als das eigene Glück.
HANS-JOACHIM ECKSTEIN

Was könnte uns von Christus
und seiner Liebe trennen? Leiden
und Angst vielleicht? Verfolgung?
Hunger? Armut? Gefahr oder
gewaltsamer Tod?
RÖMER 8,35 HFA

Mit leeren Händen steh ich da, mit Angst vor vielen Dingen.
Bleib mir in schweren Zeiten nah und hilf mir, neu zu singen:
von dir, dem Felsen, der mich stützt,
von dir, der Burg, die mich beschützt,
von dir, du meine Stärke.
EUGEN ECKERT

JONA 4,1–11

Mein Tag

Donnerstag
21
SEPTEMBER

Mich sollst du fürchten und dich zurechtweisen lassen.
ZEFANJA 3,7

Jesus ging in den Tempel und begann, die Händler hinauszutreiben, und sagte zu ihnen: Es steht geschrieben: Mein Haus soll ein Haus des Gebets sein.
LUKAS 19,45–46

Was steht auf dem Kopf? Was ist in Schieflage geraten? Lass es uns erkennen und mit deiner Hilfe wieder zurechtrücken.

Amen.

PSALM 139,1–6

Mein Tag

Freitag
22
SEPTEMBER

Ihr werdet Leute herbeirufen, die ihr nicht kennt. Und Leute, die euch nicht kennen, kommen herbei. So will es der HERR, euer Gott, der Heilige Israels. Er lässt euch diese Ehre zuteil werden.
JESAJA 55,5 BB

Ich beuge vor dem Vater meine Knie. Jeder Stamm und jedes Volk im Himmel und auf der Erde erhält seinen Namen von ihm.
EPHESER 3,14–15 BB

Lass uns gemeinsam auf Dich schauen
und Brücken zueinander bauen!
Dann werden Mauern überwunden,
in Dir sind wir verbunden!
Grenzen sind vergangen,
denn wir gehören zusammen!

PSALM 139,7–12

Samstag
23
SEPTEMBER

Mein Tag

Schäme dich nicht, denn du sollst nicht zum Spott werden.
JESAJA 54,4

Paulus schreibt: Ich bilde mir nicht ein, dass Ziel schon erreicht zu haben. Eins aber tue ich: Ich lasse das, was hinter mir liegt, bewusst zurück, konzentriere mich völlig auf das, was vor mir liegt.
PHILIPPER 3,13 NGÜ

An Gott glauben heißt:
Die Welt bejahen
Und vertrauensvoll
Den eignen Lebenslauf
Stets neu unterschreiben
In der Hoffnung
Dass er ein gutes Ende nimmt.
ANDREAS KNAPP

Ich würde sie lieber streichen.
Die unrühmlichen Entscheidungen.
Die offensichtlichen Fehler.
Ich würde sie lieber verstecken.
Die schwachen Stunden.
Die wunden Punkte.
Doch du richtest meinen Blick nach vorn,
machst mich mutig für neue Schritte.
Denn auch über Umwege führst du mich ans Ziel!

PSALM 139,13–18

Mein Tag

Sonntag
24
SEPTEMBER

Du sollst deinen Nächsten lieben wie dich selbst; ich bin der HERR.

3. MOSE 19,18

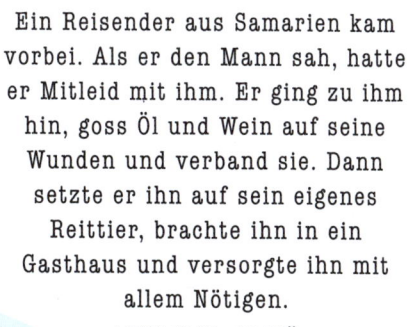

Ein Reisender aus Samarien kam vorbei. Als er den Mann sah, hatte er Mitleid mit ihm. Er ging zu ihm hin, goss Öl und Wein auf seine Wunden und verband sie. Dann setzte er ihn auf sein eigenes Reittier, brachte ihn in ein Gasthaus und versorgte ihn mit allem Nötigen.

LUKAS 10,33–34 NGÜ

Danke für Menschen, die nicht vorübergehen, sondern spontan eingreifen und helfen. Danke aber auch für alle Menschen, die verlässlich und liebevoll pflegen und Pflege organisieren. Lass uns als Gesellschaft anerkennen, wie wichtig diese Aufgaben sind und hilf den Weg zu einer gerechten Bezahlung und besseren Arbeitsbedingungen zu ebnen.

Amen.

JAKOBUS 1,1–5

Mein Tag

Montag
25
SEPTEMBER

Des HERRN Wort ist wahrhaftig, und was er zusagt, das hält er gewiss.
PSALM 33,4

Jesus spricht: Himmel und Erde werden vergehen; aber meine Worte werden nicht vergehen.
MATTHÄUS 24,35

Nicht alle unsere Wünsche, aber alle seine Verheißungen erfüllt Gott.
DIETRICH BONHOEFFER

Dir zutrauen, was sich dem Augenblick entzieht.
Dir zutrauen, was hinter dem Horizont geschieht.
Dir zutrauen, dass dein Versprechen nicht verfällt.
Dir zutrauen, dass uns deine Treue erhält.

JAKOBUS 1,19–21

Mein Tag

Dienstag
26
SEPTEMBER

Ich freue mich und bin fröhlich über deine Güte, dass du mein Elend ansiehst und kennst die Not meiner Seele.
PSALM 31,8

Geh nach Hause zu deiner Familie und erzähle ihnen, welches große Wunder der HERR an dir getan hat und wie barmherzig er mit dir gewesen ist.
MARKUS 5,19 HFA

Lieber Gott,
ich danke dir, dass du mir die Möglichkeit gegeben hast, neu anzufangen, neu durchzustarten, mein Leben in die Hand zu nehmen und dass du mich dabei trotzdem nicht allein lässt, damit ich nicht falle, während ich mein Leben trage.

Amen.

JAKOBUS 1,22–25

Mein Tag

Mittwoch
27
SEPTEMBER

In Gottes Hand sind die Tiefen der Erde, und die Höhen der Berge sind auch sein.
PSALM 95,4

Betet an den, der gemacht hat Himmel und Erde und Meer und die Wasserquellen!
OFFENBARUNG 14,7

Deine Hände, großer Gott, halten unsre liebe Erde,
gibst das Leben, gibst den Tod,
schenkst uns Wasser, schenkst uns Brot,
gib auch, dass wir dankbar werden.
MARGARETA FRIES

JAKOBUS 2,1–4

Mein Tag

Donnerstag
28
SEPTEMBER

Der HERR wird sein Volk niemals verstoßen – sein Eigentum lässt er nicht im Stich!
PSALM 94,14 NGÜ

Gott hat uns nicht geschaffen, um uns zu verlassen.

MICHELANGELO,
BEDEUTENDER KÜNSTLER DER RENAISSANCE

Wir sind Bürger des Himmels, und vom Himmel her erwarten wir auch unseren Retter – Jesus Christus, den Herrn.
PHILIPPER 3,20 NGÜ

Wo bleibst du nur, lass dich doch seh'n, hier kann's nicht besser werden.
Halt durch mein Kind, ich komme bald, zurück zu euch, von oben herabgestiegen.
Nur noch ein Weilchen seid ihr allein, doch sei gewiss,
dass wenn ich komm, wird alles gleich viel besser sein.
MANUELAS GEDANKEN, WÄHREND SIE MIT MIRIAM,
MAREIKE UND BEN DEN JAKOBSWEG BIS NACH SANTIAGO GELAUFEN IST.

JAKOBUS 2,14–17

Mein Tag

Freitag
29
SEPTEMBER

Wir wollen mit euch gehen, denn wir haben gehört, dass Gott mit euch ist.
SACHARJA 8,23

Wie sollen sie hören, wenn niemand da ist, der verkündigt?
RÖMER 10,14

Missionieren heißt, zeigen, was man liebt und woran man glaubt.
FULBERT STEFFENSKY

Da ist sie. Deine breite Segensspur. Quer durch mein Leben. Lass mich teilen, wie mich deine Liebe erreicht und verändert.

Amen.

JAKOBUS 3,2–5A

Mein Tag

Samstag
30
SEPTEMBER

Lieber arm sein und den Herrn ernst nehmen als reich sein und in ständiger Sorge.
SPRÜCHE 15,16 GN

Führt ein Leben frei von Geldgier, begnügt euch mit dem, was da ist.
HEBRÄER 13,5

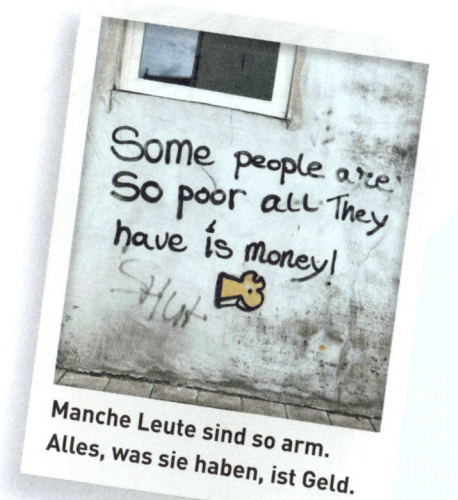

Some people are so poor all they have is money!

Manche Leute sind so arm. Alles, was sie haben, ist Geld.

Was ich habe und besitze,
hast Du mir geschenkt.
Ich gebe es Dir wieder ganz zurück
und überlasse alles Dir,
dass Du es lenkst nach Deinem Willen.

Nur Deine Liebe schenke mir
mit Deiner Gnade,
dann bin ich reich genug
und suche nichts weiter. Amen.
IGNATIUS VON LOYOLA, GRÜNDER DER JESUITEN UND GEISTLICHER LEHRER IM 16. JH.

JAKOBUS 3,5B–12

10/23

Oktober

Seid Täter des Worts und nicht Hörer allein; sonst betrügt ihr euch selbst.

JAKOBUS 1,22

MONTAG		02	09	16	23	30
DIENSTAG		03	10	17	24	31
MITTWOCH		04	11	18	25	
DONNERSTAG		05	12	19	26	
FREITAG		06	13	20	27	
SAMSTAG		07	14	21	28	
SONNTAG	01	08	15	22	29	

Mein Tag

Sonntag
01 OKTOBER

Ich bin der HERR, der Barmherzigkeit, Recht und Gerechtigkeit übt auf Erden.
JEREMIA 9,23

Die Frucht der Gerechtigkeit aber wird gesät in Frieden für die, die Frieden stiften.
JAKOBUS 3,18

Guter Gott,
in unsere Tage und Stunden
gib Frieden,
der weiter reicht als unsere Zeit;
in unser Reden und Ringen
gib Frieden,
der höher ist als alle Vernunft;
in unsere Herzen und Hände
gib Frieden,
der ausstrahlt in die Welt.
TINA WILLMS, THEOLOGIN UND AUTORIN

PSALM 67,2–8

Montag
02
OKTOBER

Mein Tag

Dann wird der Mond so hell sein wie die Sonne und die Sonne wird siebenmal so hell scheinen – wie das Licht einer ganzen Woche an einem einzigen Tag. An diesem Tag wird der Herr die Wunden, die er seinem Volk geschlagen hat, verbinden und heilen.

JESAJA 30,26 GN

Durch Christi Wunden seid ihr heil geworden.

1. PETRUS 2,24

Top five:
Heilsames
1. Ein Blick Richtung Himmel
2. Musik und Tanz
3. Meeresrauschen
4. Großzügigkeit
5. Berührungen

Meine Top five:

_____
_____
_____
_____
_____

Die Augen geschlossen
In sich hineinhören
Innehalten
Fern der Welt
Die Augen öffnen
Und alles in neuem Licht sehen.

MATTHIAS BRODOWY

EZECHIEL 1,1–3

Mein Tag

Dienstag
03
OKTOBER

TAG DER DEUTSCHEN EINHEIT

Bewahre mich, Gott;
denn ich traue auf dich.
PSALM 16,1

Lass uns nicht
in Versuchung geraten.
MATTHÄUS 6,13 NGÜ

Good to know:

Die Bitte im Vater Unser (Mt 6,9–13) lautet im bekannten Wortlaut »und führe uns nicht in Versuchung«. Das Schwierige: Die ursprünglichen Worte waren in Aramäisch – in Jesu Sprache, erhalten ist aber nur die griechische Fassung. Über eine angemessene Übersetzung wird immer wieder diskutiert. Denn die Bitte meint nicht, dass Gott uns absichtlich Fallen stellen würde oder sogar auf unser Versagen wartet.
Im Gegenteil: Gott will uns bewahren und führt uns gerade in der Versuchung, in Prüfungen, in schwierigen Situationen an seiner Hand, damit wir auf seinem Weg bleiben.

Du nimmst mir die Angst, damit sie meinen Blick auf das Richtige nicht trübt.
Du schenkst mir Vertrauen, damit ich trotz Schwierigkeiten an dir festhalten kann.
Du stärkst mir den Rücken, weil du mächtiger bist als alles, was mich bedroht.
Du stehst zu mir, weil deinen rettenden Willen nichts durchkreuzen kann.

EZECHIEL 1,28B–3,3

Mittwoch
04
OKTOBER

Mein Tag

Der HERR, dein Gott, führt dich in ein gutes Land, ein Land, darin Bäche und Quellen sind und Wasser in der Tiefe.

5. MOSE 8,7

Gott hat sich selbst nicht unbezeugt gelassen, hat viel Gutes getan und euch vom Himmel Regen und fruchtbare Zeiten gegeben, hat euch ernährt und eure Herzen mit Freude erfüllt.

APOSTELGESCHICHTE 14,17

Gott möchte auch in Wüstenzeiten für uns sorgen.
Mal überrascht er uns und sagt:
Hier! Für dich! Genieße es!
Dann nimmt er uns bei der Hand und sagt:
Schau mal, das Wenige, was du teilen kannst,
ist für den anderen schon genug.

EZECHIEL 3,4–11

Mein Tag

Donnerstag
05
OKTOBER

Keine einzige von seinen
Verheißungen blieb unerfüllt,
die der HERR ganz Israel
gegeben hat.
JOSUA 21,45 BB

Die ganze Volksmenge freute sich
über die wunderbaren Taten,
die Jesus vollbrachte.
LUKAS 13,17 BB

To do:
Über Selbstverständliches staunen!

Er, der ewige Gott,
schenkt seinen Segen verschwenderisch an jedem Tag,
in jedem Atemzug, der mich am Leben hält,
in jedem freundlichen Blick,
in jedem Trost, der mich berührt,
und jeder Freude, die mein Leben hell macht.
KATHARINA SCHRIDDE

EZECHIEL 4,1–17

Freitag
06
OKTOBER

Mein Tag

Gehorcht meiner Stimme, so will ich euer Gott sein, und ihr sollt mein Volk sein.
JEREMIA 7,23

Jesus spricht: Wenn ihr an meinem Wort festhaltet, seid ihr wirklich meine Jünger.
JOHANNES 8,31 BB

Ich sage Ja zu dem, der mich erschuf. Ich sage Ja zu seinem Wort und Ruf, zum Lebensgrund und Schöpfer dieser Welt, der auch mich in seinen Händen hält.

OKKO HERLYN

Ja – mit deiner Hilfe!

Amen.

EZECHIEL 5,1–8

Mein Tag

Samstag
07
OKTOBER

Elia betete: Höre mich, Herr, erhöre mich! Dieses Volk soll erkennen, dass du, Herr, allein Gott bist und dass du sie wieder auf den rechten Weg zurückbringen willst.
1. KÖNIGE 18,37 GN

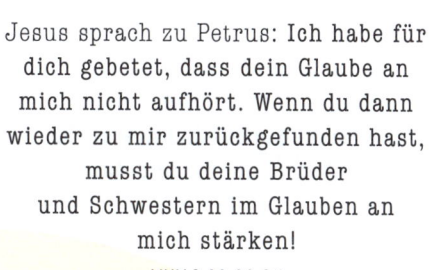

Jesus sprach zu Petrus: Ich habe für dich gebetet, dass dein Glaube an mich nicht aufhört. Wenn du dann wieder zu mir zurückgefunden hast, musst du deine Brüder und Schwestern im Glauben an mich stärken!
LUKAS 22,32 GN

Führe uns vor Augen, wie brüchig unser Glaube, wie dünn unser Vertrauen ist, wie notwendig deine Vergebung und Leitung. Schenke uns Orientierung und schärfe unsere Blicke für deine Wegweiser. Lass uns einander begleiten und ermutigen, damit niemand auf der Strecke bleibt.

EZECHIEL 11,14–21   *Amen.*

Sonntag
08
OKTOBER

Mein Tag

Was du mir für mein Leben geschenkt hast, ist wie ein fruchtbares Stück Land, das mich glücklich macht. Ja, ein schönes Erbteil hast du mir gegeben!
PSALM 16,6 NGÜ

Gott hat die Macht, euch mit all seiner Gnade zu überschütten, damit ihr in jeder Hinsicht und zu jeder Zeit alles habt, was ihr zum Leben braucht, und damit ihr sogar noch auf die verschiedenste Weise Gutes tun könnt.
2. KORINTHER 9,8 NGÜ

Man besitzt nie etwas wirklich. Nur eine Zeit lang bewahrt man es auf. Ist man nicht fähig, es wegzugeben, wird man selbst besessen.
ANTHONY DE MELLO

Mach mir bewusst, was ich habe
– dank deiner Gnade:
Es reicht nicht nur zum Leben.
Es reicht sogar zum Weitergeben.

EZECHIEL 13,1–3A.10–16

Mein Tag

Montag
09
OKTOBER

Durch Unrecht erworbene Schätze nützen nichts. Aber gerechtes Handeln rettet vor dem Tod.
SPRÜCHE 10,2 BB

Seit 2018 führt der Konzern PT Sawit Mandiri (SML) im indigenen Gebiet der Kinipan (Zentral-Kalimantan, Indonesien) Zwangsumsiedelungen durch und vertreibt die indigene Bevölkerung mit schwerem Gerät von ihren Siedlungen und landwirtschaftlichen Flächen. Das Land soll als Palmölplantage genutzt werden. Angeblich hat das Umweltministerium knapp 20 000 Hektar freigegeben. Die Landfreigabe und die Genehmigung der Anbaurechte fanden ohne Rücksprache und Einbeziehung der indigenen Laman Kinipan statt. Die ablehnende Haltung seitens der Laman Kinipan ist verständlich: Der Palmölanbau zerstört ihre Lebensweise und ihre Lebensgrundlage. Die indigene Bevölkerung ist von ihrem Land abhängig, sie verliert ihr Land und damit ihre Existenz.

Zachäus sprach zu Jesus: Siehe, Herr, die Hälfte von meinem Besitz gebe ich den Armen, und wenn ich jemanden betrogen habe, so gebe ich es vierfach zurück.
LUKAS 19,8

Lass uns nicht die Augen davor verschließen, dass unser Kaufverhalten verheerende Auswirkungen auf die Lebensgrundlage anderer Menschen hat. Lass uns prüfen, wie wir ressourcenschonender und verantwortungsbewusster konsumieren können, um den Flächenverbrauch zu reduzieren. Lass uns dafür sorgen, dass gnadenloser Ausbeutung und Enteignung ein Ende gesetzt und gerechteres Wirtschaften gestärkt wird.

Amen.

EZECHIEL 13,17–23

Dienstag
10
OKTOBER

Mein Tag

Ich werde in deiner Mitte ein armes und demütiges Volk übrig lassen. Das wird Zuflucht suchen beim Namen des HERRN.

ZEFANJA 3,12 BB

Was für die Welt keine Bedeutung hat und von ihr verachtet wird, das hat Gott ausgewählt. Er hat also gerade das ausgewählt, was nichts zählt. So setzt er das außer Kraft, was etwas zählt. Deshalb kann kein Mensch vor Gott stolz sein.

1. KORINTHER 1,28–29 BB

Edelsteine verlieren nichts an Wert, wenn sie auch im Staub liegen.

JOHANN ANDREAS BLAHA

Zu dir darf ich kommen.
Nicht weil ich ansehnlich bin,
sondern weil ich angesehen bin
von deinem gütigen Blick.

EZECHIEL 33,30–33

Mein Tag

Mittwoch
11
OKTOBER

> HERR, du bist der Armen Schutz gewesen in der Trübsal, eine Zuflucht vor dem Ungewitter, ein Schatten vor der Hitze, wenn die Tyrannen wüten.
> JESAJA 25,4

To think:
Mitten im Leben sind wir vom Tod umfangen. Aber durch Gottes Nähe sind wir auch mitten im Tod vom Leben umfangen!

> Durch unsere Verbundenheit mit Jesus sind wir mitten im Leben ständig dem Tod ausgeliefert. Denn an unserem sterblichen Leib soll auch das Leben von Jesus sichtbar werden.
> 2. KORINTHER 4,11 BB

All den Gedemütigten,
den Sturmzerzausten,
den Nichtgetrösteten,
den Verlassenen
unter den Menschen
bist du besonders nahe,
du tröstender Gott.
Lass uns darauf vertrauen.
KATHRIN OXEN

EZECHIEL 34,1–10

Donnerstag
12
OKTOBER

Mein Tag

Steh mir bei, HERR, mein Gott!
Hilf mir nach deiner Gnade.
PSALM 109,26

Als Petrus den starken Wind sah,
erschrak er und begann zu sinken
und schrie: Herr, rette mich! Jesus
streckte sogleich die Hand aus und
ergriff ihn und sprach zu ihm:
Du Kleingläubiger,
warum hast du gezweifelt?
MATTHÄUS 14,30–31

**Fünf Dinge,
die Sterbende am meisten bereuen:**

1. Ich wünschte, ich hätte den Mut gehabt, mein eigenes Leben zu leben.
2. Ich wünschte, ich hätte nicht so viel gearbeitet.
3. Ich wünschte, ich hätte den Mut gehabt, meine Gefühle auszudrücken.
4. Ich wünschte, ich hätte den Kontakt zu meinen Freunden nicht abreißen lassen.
5. Ich wünschte, ich hätte mehr zugelassen, glücklich zu sein.

VON BRONNIE WARE, DIE VIELE JAHRE ALS PALLIATIV-KRANKENSCHWESTER IN EINEM HOSPIZ GEARBEITET HAT

Was möchtest Du gerne tun
und was hält Dich davon ab?
Ändert sich etwas, wenn Du Gott
um Beistand bittest?

_____
_____
_____
_____

Amen.

EZECHIEL 34,11–22

Mein Tag

Freitag
13
OKTOBER

Gott macht's, wie er will, mit dem Heer des Himmels und mit denen, die auf Erden wohnen. Und niemand kann seiner Hand wehren noch zu ihm sagen: Was machst du?

DANIEL 4,32

Beugt euch demütig unter die starke Hand Gottes, damit er euch zu seiner Zeit erhöhe.

1. PETRUS 5,6

Du bist umwerfend, Gott!
Drückst mich zu Boden
mit deiner Allmacht,
deiner Nähe – deiner Distanz,
deinen Worten – deiner Schweigsamkeit.
Du bist umwerfend, Gott!
Wunderschön
in deiner grenzenlosen Liebe für mich,
in deiner Güte,
deiner Behutsamkeit.

Lass mich niemals los,
ich will bei dir sein,
auch wenn du mich manchmal
echt umhaust!
SILVIA MÖLLER

EZECHIEL 34,23–31

Samstag
14
OKTOBER

Mein Tag

O Gott, bürge du selbst für mich!
Ich habe sonst keinen,
der für mich eintritt!
HIOB 17,3 HFA

Wer wollte es wagen, sie zu verurteilen? Keiner, denn Jesus Christus ist für sie gestorben, ja, mehr noch: Er ist vom Tod auferweckt worden und hat seinen Platz an Gottes rechter Seite eingenommen. Dort tritt er jetzt vor Gott für uns ein.
RÖMER 8,34 HFA

Ich glaube an die Auferstehung,
das Leben nach dem Tod.
Ich glaube an Deinen Namen, Jesus!
Mein Richter und mein Anwalt,
gekreuzigt unter Leid.
Vergebung ist in Dir!

Amen.
HILLSONG WORSHIP

EZECHIEL 36,22–25

Mein Tag

Sonntag
15
OKTOBER

Der Gerechte kennt die Rechte der Armen.
SPRÜCHE 29,7 BB

Bitte lieber die Armen, Verkrüppelten, Gelähmten und Blinden an deinen Tisch. Dann kannst du dich glücklich schätzen, denn du hast Menschen geholfen, die sich dir nicht erkenntlich zeigen können.
LUKAS 14,13–14 HFA

Ein Armer, der stiehlt, ist nicht viel schlechter als ein Reicher, der nichts gibt.
MAX BEWER

Komm in unser reiches Land,
der du Arme liebst und Schwache,
dass von Geiz und Unverstand
unser Menschenherz erwache.
Schaff aus unserm Überfluss
Rettung dem, der hungern muss.
HANS VON LEHNDORFF

EZECHIEL 37,1–14

Montag
16 OKTOBER

Mein Tag

Er bestraft uns nicht,
wie wir es verdienen; unsere
Sünden und Verfehlungen zahlt
er uns nicht heim.
PSALM 103,10 HFA

Vergebt einander, so wie Gott euch
durch Jesus Christus vergeben hat.
EPHESER 4,32 HFA

To do:
Heute noch miteinander reden. Zurückgehen und nochmal das Gespräch suchen. Noch einmal zuhören. Mein Urteil überdenken. Heute noch verzeihen. Sich überwinden. Und entschuldigen.

Du sagst ja zu mir, wenn alles nein sagt.
Du zeigst mir einen Weg, wenn ich mir selbst alle Wege verbaut habe.
Du tust meinen Mund auf, wenn alles um mich herum sprachlos ist.
Dann kann ich wieder leben. Wieder gehen. Ein Gespräch suchen.

Amen.

PHILIPPER 1,1–6

Mein Tag

Dienstag
17
OKTOBER

Wie man Engel erkennt

Sind hell
meistens innen drin
manchmal auch außen
dann sieht man sie nicht
Passen auf
dass du deinen Fuß nicht an einen Stein stößt
Tragen dich manchmal sogar auf Händen
aber meistens musst du selber gehen
Stellen auch mal ein Bein
Empören dich
Damit können sie leben
Wer Engel ist
braucht eine dicke Haut
einerseits
Andererseits
muss sie dünn sein
durchlässig
dass ihnen zu Herzen gehen kann

PHILIPPER 1,7–11

> Der HERR hat seinen Engeln befohlen, dass sie dich behüten auf allen deinen Wegen, dass sie dich auf den Händen tragen und du deinen Fuß nicht an einen Stein stoßest.
> PSALM 91,11–12

> Der Engel des Herrn erschien dem Josef im Traum und sprach: Steh auf, nimm das Kindlein und seine Mutter mit dir und flieh nach Ägypten und bleib dort, bis ich dir's sage.
> MATTHÄUS 2,13

was dir geschieht
Ihr Herz
sagen noch unbelegte Studien
sei ein paar Millimeter weiter
als der Durchschnitt

SUSANNE NIEMEYER, AUTORIN UND BLOGGERIN

Mein Tag

Mittwoch
18
OKTOBER

Ich weiß, der HERR vertritt
die Sache der Elenden,
das Recht der Armen.
PSALM 140,13 ZB

Selig ihr Armen – euch gehört
das Reich Gottes.
LUKAS 6,20 ZB

Kann man sich an alles gewöhnen? Alle paar Sekunden stirbt auf der Welt ein Kind an Hunger. Haben wir uns daran gewöhnt? Bilden wir uns ein, es ginge schon voran, während wir es uns bequem machen? Segne uns mit Unbehagen über vermeintliches Wachstum und stumpfe Gleichgültigkeit. Segne uns mit Zorn, der sich nicht abfindet mit Ausbeutung und Ungerechtigkeit. Segne uns mit Widersinn, der eine andere Welt für möglich hält. Dafür lass uns kämpfen! An deiner Seite.

Amen.

Es gibt weder große Entdeckungen noch wahren Fortschritt, solange noch ein unglückliches Kind auf der Welt ist.
ALBERT EINSTEIN

PHILIPPER 1,12–14

Mein Tag

Donnerstag
19
OKTOBER

Der HERR spricht: Wer mich ehrt, den will ich auch ehren; wer aber mich verachtet, der soll wieder verachtet werden.

1. SAMUEL 2,30

Gott rufet noch. Sollt ich nicht endlich kommen?
Ich hab so lang die treue Stimm vernommen.
Ich wußt es wohl: ich war nicht, wie ich sollt.
Er winkte mir, ich habe nicht gewollt.

Gott rufet noch. Ob ich mein Ohr verstopfet,
er stehet noch an meiner Tür und klopfet.
Er ist bereit, dass er mich noch empfang.
Er wartet noch auf mich; wer weiß, wie lang?

Ach nimm mich hin, du Langmut ohne Maße;
ergreif mich wohl, dass ich dich nicht verlasse.
Herr, rede nur, ich geb begierig acht;
führ, wie du willst, ich bin in deiner Macht.

GERHARD TERSTEEGEN

Betrachtest du seine große Güte, Nachsicht und Geduld als selbstverständlich? Begreifst du nicht, dass Gottes Güte dich zur Umkehr bringen will?

RÖMER 2,4 NGÜ

PHILIPPER 1,27–30

Freitag 20 OKTOBER

Mein Tag

Der HERR redete mit Mose von Angesicht zu Angesicht, wie ein Mann mit seinem Freund redet.

2. MOSE 33,11

Jesus spricht: Ich nenne euch nicht mehr Diener; denn ein Diener weiß nicht, was sein Herr tut. Vielmehr nenne ich euch Freunde; denn ich habe euch alles gesagt, was ich von meinem Vater gehört habe.

JOHANNES 15,15 GN

Nicht nur an sonnigen Tagen ist Gott unser Freund, sondern auch in Tagen der Not.

CHARLES HADDON SPURGEON

Du bist wie ein guter Freund, der mir unterstützt, wenn ich Probleme habe.
Du bist wie ein guter Freund, der mich tröstet, wenn ich traurig bin.
Du bist wie ein guter Freund, der zu mir steht, wenn ich mich ausgeschlossen fühle.
Du bist wie ein guter Freund, der _____.
Du bist wie ein guter Freund, der _____.

PHILIPPER 2,1–4

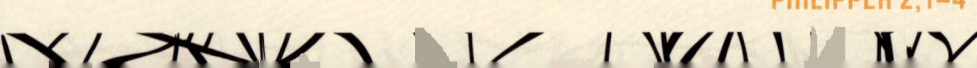

Mein Tag

Samstag
21
OKTOBER

Wessen Zuversicht der HERR ist, der ist wie ein Baum, am Wasser gepflanzt, der seine Wurzeln zum Bach hin streckt. Er sorgt sich nicht, wenn ein dürres Jahr kommt, sondern bringt ohne Aufhören Früchte.

JEREMIA 17,7.8

Der Geist Gottes lässt als Frucht eine Fülle von Gutem wachsen, nämlich: Liebe, Freude und Frieden, Geduld, Freundlichkeit und Güte, Treue, Bescheidenheit und Selbstbeherrschung.

GALATER 5,22–23

Mit dir verbunden, bringst du uns zum Schwingen,
mischst unsre Töne und lässt uns kraftvoll klingen.
Du vereinst unsre Klänge zu deiner Harmonie
und komponierst deine herrliche Melodie.
Lass diesen Sound durch uns spürbar werden
und diese Erde mit deinem guten Geist einfärben.

PHILIPPER 2,5–11

Sonntag
22
OKTOBER

Mein Tag

Wenn du etwas gegen deinen Bruder oder deine Schwester hast, dann trage deinen Groll nicht mit dir herum. Rede offen mit ihnen darüber, sonst machst du dich schuldig.

3. MOSE 19,17 GN

Brüder und Schwestern, auch wenn jemand unter euch in Sünde fällt, müsst ihr zeigen, dass der Geist Gottes euch leitet. Bringt einen solchen Menschen mit Nachsicht wieder auf den rechten Weg.

GALATER 6,1 GN

Ein ehrliches Wort braucht seine Stunde und seinen Ort.

KARL HEINRICH WAGGERL

Lass uns klug abwägen und entscheiden: Wann tut Ehrlichkeit gut und die Angst vor Verlust oder Streit verhindert sie? Wann muss unbedingt etwas angesprochen werden? Enthalten wir uns wirklich etwas vor oder kostet Offenheit zu viel? In welchem Rahmen können sich alle Beteiligten ehrlich mit ihren Ansichten zeigen und werden nicht durch Unbehagen gehemmt? Wo ist Kritik tatsächlich berechtigt und wo gilt es Nachsicht zu üben?

PHILIPPER 2,19–30

Mein Tag

Montag
23
OKTOBER

Er ist ein lebendiger Gott,
der ewig bleibt, und sein Reich ist
unvergänglich.
DANIEL 6,27

Alles hat Gott Christus zu Füßen
gelegt und ihn zum Haupt über die
ganze Gemeinde gemacht.
EPHESER 1,22 BB

Nur Gott kann ohne Gefahr allmächtig sein.
ALEXIS DE TOCQUEVILLE

Unsere größte Freude ist es,
dass wir dir, Herr, allmächtiger Gott, singen und dich preisen,
zu allen Zeiten und an allen Orten dich loben und dir danken;
denn du bist Gott, du und dein eingeborener Sohn und dein Heiliger Geist.
AUS EINER LITURGIE DER BRÜDERGEMEINE

PHILIPPER 3,12–16

Dienstag
24
OKTOBER

Mein Tag

Herr, mein Gott, groß sind deine Wunder und deine Gedanken, die du an uns beweisest; dir ist nichts gleich!
PSALM 40,6

In Christus liegen verborgen alle Schätze der Weisheit und der Erkenntnis.
KOLOSSER 2,3

Glauben heißt: Die Unbegreiflichkeit Gottes ein Leben lang aushalten.

KARL RAHNER

Doch viel größer als das, was wir von dir sagen,
ist die Wahrheit, die darin verborgen bleibt.
Nur du selbst bist die Antwort auf die Fragen, im Blick auf Sinn und Ewigkeit.
Du bist mehr als alles, was wir sehn. Was immer wir verstehn,
ist nur ein kleiner Teil, wie das Meer, zu dem alle Flüsse ziehn,
vor dem wir Menschen staunend stehn, weil wir nie das Ganze sehn.

MARTIN PEPPER, PASTOR UND SONGWRITER

PHILIPPER 4,1–3

Mein Tag

Mittwoch
25
OKTOBER

Auch in den fernsten Ländern
werden Menschen
zu Gott umkehren.
PSALM 22,28 HFA

Man kann Gottes himmlisches Reich
mit einem Sauerteig vergleichen,
den eine Frau zum Brotbacken
nimmt. Obwohl sie nur wenig davon
unter eine große Menge
Mehl mischt, ist am Ende alles
durchsäuert.
MATTHÄUS 13,33 HFA

Über alle Grenzen hinweg,
einander in Vielfalt und Unterschiedlichkeit begegnen,
gemeinsam lernen und bereichern.
Uns näherkommen und gegenseitig anstecken,
deine Liebe entfachen und verbunden sein.

Amen.

PHILIPPER 4,4–9

Donnerstag
26
OKTOBER

Mein Tag

Jeden Morgen öffnet Gott mir die Ohren. So kann ich auf ihn hören, wie ein Schüler auf seinen Lehrer hört.

JESAJA 50,4 BB

Lydia handelte mit Purpurstoffen und kam aus der Stadt Thyatira. Sie glaubte an den Gott Israels. Der Herr öffnete ihr das Herz, sodass sie den Worten von Paulus aufmerksam zuhörte.

APOSTELGESCHICHTE 16,14 BB

To do:

Öffne deine Ohren ganz weit. Stell dir vor, deine Ohren wären viel größer. Wie Elefantenohren. Was hörst du gerade? Nimm ganz bewusst wahr, was du hörst.

Zeig mir, was ich erkennen soll, ich will es hören.
Denn ich weiß, dass nicht der Wissende,
sondern der Hörende deiner Stimme folgt
und dass nur der Suchende sich finden lässt.
Ich weiß, dass nur der Liebende deine Liebe begreift.
Wenn dich etwas bedrängen darf, mein Gott, dann soll es meine Stille sein.

MARTIN SCHLESKE, GEIGENBAUER UND AUTOR

PHILIPPER 4,10–13

Mein Tag

Freitag
27
OKTOBER

Der HERR ist der Schutz meines Lebens. Vor wem sollte ich erschrecken?
PSALM 27,1 BB

Ich bin allem gewachsen durch den, der mich stark macht.
PHILIPPER 4,13 BB

Gott, lass mich wachsen.
Sei mir nahe.
Schütze meine Gedanken.
Nimm die Sorgen von meinen Schultern.
Lass mich mein Herz spüren.
Gib mir Kraft für die Woche.
Lass mich heute nicht allein.
Und segne mich.
SEGENSGEBET IM KLOSTER LOCCUM

PHILIPPER 4,14–23

Samstag 28 OKTOBER

Mein Tag

Jetzt weiß ich: Mein bitteres Leid hat mir Frieden gebracht. In deiner Liebe hast du mein Leben vor Tod und Grab bewahrt. Denn all meine Sünden hast du genommen und weit hinter dich geworfen.
JESAJA 38,17 BB

Wir werden erkennen, dass die Wahrheit wirklich unser Leben bestimmt. Und wir können vor Gott unser Herz beruhigen. Auch wenn unser eigenes Herz uns anklagt, ist Gott größer als unser Herz, denn er kennt uns durch und durch.
1. JOHANNES 3,19–20 BB

Wieder habe ich es getan.
Auf mein Herz gehört.
Und jetzt ist es gebrochen.
Diese Schmerzen sind nicht auszuhalten.
Am liebsten würde ich es rausreißen.
Bevor es mich zerreißt.
Herzlos werden.
Damit mir das nie wieder passiert.

Christus, du nimmst uns mit unserem Herzen an, wie es heute gerade ist. Warum sollten wir, bevor wir zu dir gehen, erst darauf warten, dass unser Herz sich ändert? Du änderst es jeden Tag von Neuem, ohne dass wir wüssten, wie. Und du tust alles, um die klaffenden Risse zu heilen. Du, unser Freund und Bruder Jesus Christus.

Amen.

FRÈRE ROGER, GRÜNDER DER ÖKUMENISCHEN BRUDERSCHAFT VON TAIZÉ

PHILEMON 1–7

Mein Tag

Sonntag
29
OKTOBER

Der HERR spricht: Vor wem habt ihr denn solche Angst? Warum fürchtet ihr andere mehr als mich und betrügt mich?
JESAJA 57,11 HFA

Wer die Freiheit aufgibt, um Sicherheit zu gewinnen, wird am Ende beides verlieren.
BENJAMIN FRANKLIN

Der Geist Gottes, den ihr empfangen habt, führt euch nicht in eine neue Sklaverei, in der ihr wieder Angst haben müsstet. Er hat euch vielmehr zu Gottes Söhnen und Töchtern gemacht. Jetzt können wir zu Gott kommen und zu ihm sagen: »Abba, lieber Vater!«
RÖMER 8,15 HFA

Du kennst unsere übermächtigen Sorgen und worin wir unsere Ängste verpacken. Du siehst, wo wir uns an Garantiezusagen klammern und womit wir Risiken verwalten. Du weißt um alle scheinbaren Sicherheiten und wodurch Befürchtungen unser Handeln leiten. Lass uns im Blick auf dich weise unterscheiden, was Freiheit gibt und was Freiheit nimmt!

Amen.

PHILEMON 8–11

Montag
30
OKTOBER

Mein Tag

Das Werk der Gerechtigkeit wird Friede sein und der Ertrag der Gerechtigkeit Ruhe und Sicherheit für immer.
JESAJA 32,17

Wenn ihr wisst, dass Jesus Christus gerecht ist, so erkennt ihr: Wer die Gerechtigkeit tut, der ist von ihm geboren.
1. JOHANNES 2,29

Man muss lieben lernen, um gerecht sein zu können.

ROMANO GUARDINI,
KATHOLISCHER PRIESTER UND JUGENDSEELSORGER

Um Gerechtigkeit bitten wir, die zart und nicht hart macht. Die dem Schwachen gerecht wird und es nicht jedermann recht macht. Die Menschen nicht erniedrigt, sondern Unrecht auf den Grund geht. Die gegen Anmaßung vorgeht und vor der maßlose Menschenmacht vergeht. Sei du unsere Gerechtigkeit.
SUSANNE SANDHERR

PHILEMON 12–16

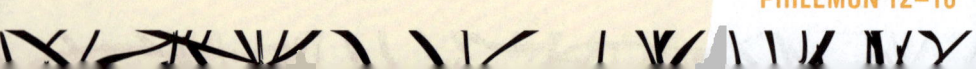

Mein Tag

Dienstag
31
OKTOBER

Wir alle sind wie Unreine geworden, selbst unsere ganze Gerechtigkeit ist nichts als ein schmutziges Kleid.
JESAJA 64,5 BB

Der Sohn sagte zu ihm: »Vater, ich bin vor Gott und vor dir schuldig geworden. Ich bin es nicht mehr wert, dein Sohn genannt zu werden.« Doch der Vater befahl seinen Dienern: »Holt schnell das schönste Gewand aus dem Haus und zieht es ihm an.«
LUKAS 15,21–22 BB

O Herr Jesus Christus, du bist meine Gerechtigkeit, ich aber deine Sünde. Du hast auf dich genommen, was mein ist, und mir gegeben, was dein ist. Du hast auf dich genommen, was du nicht warst, und mir gegeben, was ich nicht war.
MARTIN LUTHER

PHILEMON 17–25

11/23

November

Er allein breitet den Himmel aus und geht auf den Wogen des Meers. Er macht den Großen Wagen am Himmel und den Orion und das Siebengestirn und die Sterne des Südens.

HIOB 9,8–9

MONTAG		06	13	20	27
DIENSTAG		07	14	21	28
MITTWOCH	01	08	15	22	29
DONNERSTAG	02	09	16	23	30
FREITAG	03	10	17	24	
SAMSTAG	04	11	18	25	
SONNTAG	05	12	19	26	

Mein Tag

Mittwoch
01
NOVEMBER

Denkt zurück an ferne Zeiten, an Jahre, die längst vergangen sind! Fragt eure Eltern, was damals geschah! Die alten Leute werden es euch sagen.

5. MOSE 32,7 HFA

To think:

Da gibt es die schönen und schweren, älteren, die erfahrenen Leben. Wie wird dein Glaube von ihrem Glauben getragen?

Dankbar erinnere ich mich daran, wie aufrichtig du glaubst; genauso war es schon bei deiner Großmutter Lois und deiner Mutter Eunike. Ich bin überzeugt, dass dieser Glaube auch in dir lebt.

2. TIMOTHEUS 1,5 HFA

Dass es sich lohnt, auf dich zu vertrauen, ich hab es mir nicht selbst gesagt.
Generationen von Männern und Frauen haben vor mir zu glauben gewagt.
Danke für ihre Worte und Lieder, worin ich mich, durch die ich dich fand.
Und lass ich dich los, reichst du mir doch wieder durch sie deine Hand.

BENIGNA CARSTENS

1. TIMOTHEUS 1,1–2.12–14

Donnerstag
02
NOVEMBER

Mein Tag

Gott der HERR, hat meine Zunge in seinen Dienst genommen, er zeigt mir immer neu, was ich sagen soll, um die Müden zu ermutigen.

JESAJA 50,4 GN

Wann warst du krank oder im Gefängnis und wir besuchten dich?

MATTHÄUS 25,39 GN

Die größte Macht hat das richtige Wort zur richtigen Zeit.

MARK TWAIN

Über meine Lippen kommen viele Worte. Viel Gedankenloses ist dabei. Worte, die manchmal nur meine Sprachlosigkeit überdecken. Bringe mich zum Innehalten und Nachdenken, welche Worte gebraucht werden. Sprich du durch mich und schenke Worte der Nähe, der Ermutigung, der Geborgenheit.

Amen.

1. TIMOTHEUS 1,15–17

Mein Tag

Freitag
03
NOVEMBER

Suchet den HERRN, all ihr Elenden im Lande, die ihr seine Rechte haltet! Suchet Gerechtigkeit, suchet Demut!
ZEFANJA 2,3

So zieht nun an als die Auserwählten Gottes, als die Heiligen und Geliebten, herzliches Erbarmen, Freundlichkeit, Demut, Sanftmut, Geduld.
KOLOSSER 3,12

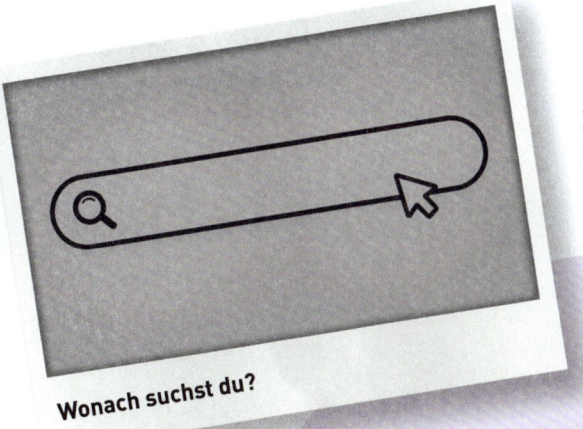

Wonach suchst du?

Gott, wir halten Ausschau nach dir. Nach dem, was dir wichtig ist.
Damit deine Gegenwart durch uns spürbar wird.
Damit wir deine Menschenfreundlichkeit widerspiegeln.
Damit die Sehnsucht nach deinem Frieden bleibt.

Amen.

1. TIMOTHEUS 1,18–19

Mein Tag

Samstag
04
NOVEMBER

Ich will euch trösten, wie einen
seine Mutter tröstet.
JESAJA 66,13

Bittet, so werdet ihr empfangen,
auf dass eure Freude
vollkommen sei.
JOHANNES 16,24

*Traurig sein ist
etwas Natürliches.
Vielleicht ein
Atemholen zur Freude.*
PAULA MODERSOHN-BECKER

Gott, heilige Weisheit, du kennst unseren Schmerz.
Du siehst unsere Tränen, auch die ungeweinten.
Du tröstest uns, wie eine Mutter tröstet,
versöhnst uns mit Verletzungen und Schuld.
CHRISTA MATHIES

1. TIMOTHEUS 2,1–2

Mein Tag

Sonntag
05
NOVEMBER

Wer der Gerechtigkeit und Güte nachjagt, der findet Leben, Gerechtigkeit und Ehre.
SPRÜCHE 21,21

Strebt vor allem anderen nach seinem Reich und nach seiner Gerechtigkeit – dann wird Gott euch auch das alles schenken.
MATTHÄUS 6,33 BB

Es gibt kein Reich Gottes auf Erden ohne ein Reich Gottes in unseren Herzen.
ALBERT SCHWEITZER

Gib mir Hände, die Tränen der Verzweiflung abwischen,
einen Kopf, der mir sagt: »Du hast was falsch gemacht«,
Augen, die sehen, dass es anderen Menschen schlechter geht als mir,
einen Mund, der sich einsetzen kann,
Ohren, die Unrecht heraushören,
Füße, die mir helfen, wenn ich erschöpft bin,
und ein Herz, das Liebe spendet.
EMMA REUTER

1. TIMOTHEUS 2,3–7

Mein Tag

Montag
06
NOVEMBER

Gott, dein Weg ist heilig.
PSALM 77,14

Jesus spricht: Vom Vater gesandt, bin ich in die Welt gekommen.
JOHANNES 16,28 NGÜ

Gottes Liebe ist wie ein Schiff, das seit Jahrtausenden durch die Welt fuhr, bis es an der Krippe von Bethlehem Anker warf.
JOHANNES TAULER

Jesus, was hat dich so klein gemacht? Die Liebe!
BERNHARD VON CLAIRVAUX, FRANZÖSISCHER MYSTIKER UND ABT IM 12. JH.

1. TIMOTHEUS 4,1–5

Mein Tag

Dienstag
07
NOVEMBER

Ich will ihnen einen einzigen Hirten erwecken, der sie weiden soll.
HESEKIEL 34,23

Als Jesus die vielen Menschen sah, taten sie ihm leid, denn sie waren erschöpft und schutzlos, wie Schafe, die keinen Hirten haben.
MATTHÄUS 9,36 ZB

Manchmal ist da der Eindruck, keinen Platz im Leben zu haben.
Manchmal ist da diese Leere, keinen Sinn im Leben zu finden.
Manchmal ist da so viel Schwere, keine Freude am Leben zu spüren.
Manchmal ist da diese Ohnmacht, keine Kraft zum Leben zu haben.
Manchmal ist da die Hoffnung: Kannst du helfen?

1. TIMOTHEUS 6,6–10

Mittwoch
08
NOVEMBER

Mein Tag

Gelobt sei, der da kommt
im Namen des HERRN!
PSALM 118,26

Allen, die ihn aufnahmen und ihm
Glauben schenkten, verlieh er das
Recht, Kinder Gottes zu werden.
JOHANNES 1,12 GN

Gott wird ein Mensch, damit die Menschen Gotteskinder werden.
EDITH STEIN

Du thronst im Himmel und kommst auf diese Erde.
Du bist gewaltig groß und machst dich klein.
Du schuldest nichts und gibst alles.
Und das alles, weil du mit uns zusammen sein willst!

1. TIMOTHEUS 6,17–21

Mein Tag

Donnerstag
09
NOVEMBER

Ich dachte schon in meiner Angst, ich wäre aus deiner Nähe verbannt. Doch du hast mich gehört, als ich um Hilfe schrie.
PSALM 31,23 GN

Ein Jünger kommt zu einem Meister des Gebetes und klagt ihm: »Meister, ich habe mich so bemüht, mich zu sammeln versucht, über mich selbst nachgedacht, alle Gedanken, die mir kamen, still werden lassen – und doch habe ich nicht beten können. Was soll ich tun?« Der Meister antwortete: »Mach aus deinem Nicht-beten-Können ein Gebet.«

Der Geist hilft unsrer Schwachheit auf. Denn wir wissen nicht, was wir beten sollen, wie sich's gebührt, sondern der Geist selbst tritt für uns ein mit unaussprechlichem Seufzen.
RÖMER 8,26

Seufz.

Amen.

MATTHÄUS 21,1–11

Freitag 10 November

Mein Tag

> Wehe denen, die sich als weise ansehen und sich selbst für klug halten!
> JESAJA 5,21 BB

> Alle miteinander bekleidet euch mit Demut.
> 1. PETRUS 5,5

Glauben heißt, den Unterschied von Gott und Menschen kennen – wissen, dass die Menschen nicht von Grund auf gut und unfehlbar sind.

WOLFGANG HUBER, EVANGELISCHER THEOLOGE

Großer Gott, manchmal führst du unser Leben in große Höhen. Du schenkst Erfolg und Anerkennung. Lass uns nicht hochmütig und eingebildet werden. Bewahre uns vor Besserwisserei. Sende uns deinen Geist, dass wir nicht aus dem Blick verlieren, welche Grenzen du uns gesetzt hast.

Amen.

MATTHÄUS 21,12–17

Mein Tag

Samstag
11
NOVEMBER

> Jakob zog seinen Weg. Und es begegneten ihm die Engel Gottes.
> 1. MOSE 32,2

Der Engel sitzt in der Küche und spielt Gitarre. Er taucht jetzt öfter auf. Ich bin trotzdem jedes Mal überrascht. An einen Engel gewöhnt man sich nicht so schnell. »Was tust du hier?«, frage ich. »Ich übe.« Das macht Sinn. Sein Gitarrenspiel ist lausig. »Aber warum hier? Hast du kein Zuhause?« »Heute hier, morgen dort …«, trällert er. »Ich möchte ja nicht unhöflich sein«, hake ich vorsichtig nach, »aber hast du nichts Wichtigeres zu tun? Geisterfahrer auf die rechte Bahn bringen? Lebensmüde ermuntern? Die Welt retten?« »Das Wichtige ist das Naheliegende«, sagte er und blickt sich um. »Kein Geisterfahrer zu sehen. Nur du.« Ich bedanke mich, aber mir fehle nichts, sage ich. Entrüstet schaut er mich an: »Das wäre ja noch schöner, nur zu kommen, wenn etwas fehlt! Ich bin doch

> Alle Engel sind nur Wesen aus der himmlischen Welt, die Gott dienen. Er sendet sie aus, damit sie allen helfen, denen er Rettung schenken will.
> HEBRÄER 1,14 HFA

kein Fundbüro! Ich bin einfach deinetwegen hier. Um dir Gesellschaft zu leisten.« Und dann singt er weiter: »Zeit zu bleiben und nun, was ganz anderes zu tun …«, und ich stimme schräg mit ein.

SUSANNE NIEMEYER

MATTHÄUS 21,18–22

Sonntag 12 November

Mein Tag

Josef sagte zu seinen Brüdern: Streitet euch nicht unterwegs!
1. MOSE 45,24 BB

Ertragt euch gegenseitig und vergebt einander, wenn einer dem anderen etwas vorwirft. Wie der Herr euch vergeben hat, so sollt auch ihr vergeben!
KOLOSSER 3,13 BB

Gehet hin in Frieden. Streitet nicht auf dem Wege. Vergeudet nicht eure Kraft durch unfruchtbare Diskussionen. Werft euer Herz voraus, wenn ihr zu Menschen geht. Atmet Frieden. Seid Boten des Friedens Christi.
LINDOLFO WEINGÄRTNER

MATTHÄUS 21,28–32

Mein Tag

Montag
13
NOVEMBER

Gott, der HERR, hat mir die Ohren geöffnet. Ich habe mich nicht verschlossen und mich seinem Auftrag nicht entzogen.
JESAJA 50,5 BB

Viele kleine Leute an vielen kleinen Orten, die viele kleine Schritte tun, können das Gesicht der Welt verändern.
AFRIKANISCHES SPRICHWORT

Jesus spricht: Sie werden auf meine Stimme hören. Alle werden in einer Herde vereint sein und einen Hirten haben.
JOHANNES 10,16 BB

Du hast uns, Herr, gerufen, und darum sind wir hier.
Wir sind jetzt deine Gäste und danken dir.

Du legst uns deine Worte und deine Taten vor.
Herr, öffne unsre Herzen und unser Ohr.

Herr, sammle die Gedanken und schick uns deinen Geist,
der uns das Hören lehrt und dir folgen heißt.
KURT ROMMEL, EVANGELISCHER PFARRER UND KIRCHENLIEDDICHTER

MATTHÄUS 21,33–41

Dienstag
14
NOVEMBER

Mein Tag

Gott spricht: Ich klage nicht für immer an und bin nicht auf Dauer zornig.
JESAJA 57,16 BB

In Christus war Gott selbst am Werk, um die Welt mit sich zu versöhnen. Er hat den Menschen ihre Verfehlung nicht angerechnet. Und uns hat er sein Wort anvertraut, das Versöhnung schenkt.
2. KORINTHER 5,19 BB

Goot to know:

Die Rede vom Zorn Gottes durchzieht das Alte und Neue Testament. Im Unterschied zum menschlichen Zorn ist dabei weniger an einen unbeherrschten Gefühlsausbruch gedacht als vielmehr an eine willentliche Reaktion Gottes, durch die er menschlichem Fehlverhalten und der Missachtung seiner Gebote entgegentritt. Gottes Zorn ist verbunden mit seinem Willen, Gericht zu halten. Aber er hat nicht die Absicht, Menschen durch seinen Zorn zu vernichten, sondern sie durch Jesus Christus aus dem Gericht zu retten.

Wir sollen nicht verloren werden,
Gott will, uns soll geholfen sein;
deswegen kam der Sohn auf Erden
und nahm hernach den Himmel ein,
deswegen klopft er für und für
so stark an unsers Herzens Tür.
JOHANN ANDREAS ROTHE

MATTHÄUS 22,1–14

Mein Tag

Mittwoch
15
NOVEMBER

Wohlan, alle, die ihr durstig seid, kommt her zum Wasser!
JESAJA 55,1

Am Abend, da die Sonne untergegangen war, brachten sie zu Jesus alle Kranken und Besessenen.
MARKUS 1,32

Du nimmst uns Schweres von den Schultern und schickst neue Kräfte in müde Arme.
Du richtest unseren Blick auf und lässt sehen, wo Hilfe gebraucht wird.
Du schenkst uns frische Energie, damit wir die Lasten der anderen tragen können.

MATTHÄUS 22,15–22

Donnerstag
16
NOVEMBER

Mein Tag

Ich will einen ewigen Bund mit meinem Volk schließen, dass ich nicht ablassen will, ihnen Gutes zu tun.
JEREMIA 32,40

Darin ist erschienen die Liebe Gottes unter uns, dass Gott seinen eingebornen Sohn gesandt hat in die Welt, damit wir durch ihn leben sollen.
1. JOHANNES 4,9

Gottes Sohn wird Mensch, damit der Mensch Heimat habe in Gott.
HILDEGARD VON BINGEN, NONNE UND GELEHRTE IM 12. JAHRHUNDERT

Herr, wohin sonst sollten wir gehen?
Wo auf der Welt fänden wir Glück?
Niemand, kein Mensch kann uns so viel geben wie du.
Du führst uns zum Leben zurück.
Nur du, nur du schenkst uns Lebensglück.
THEA EICHHOLZ, SÄNGERIN UND SONGWRITERIN

MATTHÄUS 22,34–40

Mein Tag

Freitag
17
NOVEMBER

Meine Gedanken sind nicht eure Gedanken, und eure Wege sind nicht meine Wege, spricht der HERR.
JESAJA 55,8

Weise sind alle die, die sowohl die Notwendigkeit wie die Grenzen des Wissens erkennen, und die verstehen, dass Liebe größer als Wissen ist.
PAUL TILLICH

Gott erscheint töricht – und ist doch weiser als Menschenweisheit. Gott erscheint schwach – und ist doch stärker als Menschenkraft.
1. KORINTHER 1,25 GN

Der Letzte ist der Erste, und wer verliert, gewinnt.
Das Ende ist ein Anfang, wo Gottes Reich beginnt.
Die Kraft liegt in der Schwachheit, das Kleine wird erwählt.
Die Torheit wird zur Weisheit in Gottes neuer Welt.
Paradox wie das Kreuz. Das Geheimnis unsres Glaubens.
Wir verkünden deinen Tod, preisen deine Auferstehung
bis du kommst in Herrlichkeit!
ALBERT FREY, LIEDERMACHER UND MUSIKPRODUZENT

MATTHÄUS 24,1–8

Samstag
18
NOVEMBER

Mein Tag

Wer sich auf Reiterheere verlässt, ist verlassen; auch viele Pferde mit all ihrer Kraft können den Sieg nicht erzwingen. Doch der Herr beschützt alle, die ihm gehorchen, alle, die mit seiner Güte rechnen.
PSALM 33,17–18 GN

Wir bauen nicht auf Vorzüge, die irdisch und menschlich sind, sondern rühmen uns allein damit, dass wir zu Jesus Christus gehören.
PHILIPPER 3,3 GN

Gott, erweise den menschlichen Größenwahn als lächerliche Selbstüberschätzung und gebiete ihm Einhalt in seiner gefährlichen Zerstörungswut. Zeige uns, wie unsere Welt heil wird: Durch deinen Sohn wird sie mit Liebe erfüllt und verwandelt.
SYLVIA BUKOWSKI

MATTHÄUS 24,9–14

Mein Tag

Sonntag
19
NOVEMBER

Denn das ist der Auftrag der Priester: Sie sollen mein Gesetz verkünden und wer Rat sucht, soll bei ihnen Rat finden; sie sind Botschafter des Herrn, des Herrschers der Welt.
MALEACHI 2,7 GN

Seid immer bereit, Rede und Antwort zu stehen, wenn jemand fragt, warum ihr so von Hoffnung erfüllt seid.
1. PETRUS 3,15 GN

Du kannst mit deinem Leben ein besseres Bekenntnis ablegen als mit deinen Lippen.
OLIVER GOLDSMITH,
IRISCHER SCHRIFTSTELLER IM 18. JAHRHUNDERT

Jeden Tag in meinem Leben lass mich das, was du gegeben, vor den andern nicht verbergen, die im Alltag bei mir stehn. All mein Tun soll ihnen zeigen, all mein Reden und mein Schweigen, dass durch deine Hand im Leben alles anders werden kann.
WILFRIED KILP

MATTHÄUS 24,29–31

Montag
20
NOVEMBER

Mein Tag

HERR, kehre dich doch endlich wieder zu uns und sei deinen Knechten gnädig!
PSALM 90,13

Jesus spricht: Ich will wiederkommen und euch zu mir nehmen, auf dass auch ihr seid, wo ich bin.
JOHANNES 14,3

Wie ein Traum wird es sein, wenn der Herr uns befreit zu uns selbst und zum Glück seiner kommenden Welt. Geduckte heben ihre Köpfe, Enttäuschte entdecken, die Welt ist so bunt. Verplante machen selber Pläne, die Schwarzseher sagen: Es ist alles gut.
LOTHAR ZENETTI, THEOLOGE UND SCHRIFTSTELLER

Hier gibt es Leute, die schwarzmalen, die Bedenken tragen, die eine Weltverschwörung sehen. Aber auch die Leute, die Licht bringen, die Hoffnung verbreiten, die Frohsinn und Heiterkeit ausstrahlen und die den Himmel bestürmen. Und hier bist du Jesus, mitten unter uns, mitten im Leben.

MATTHÄUS 24,32–44

Mein Tag

Dienstag
21
NOVEMBER

Bis hierher hat uns
der HERR geholfen.
1. SAMUEL 7,12

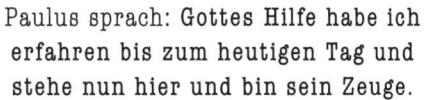

Paulus sprach: Gottes Hilfe habe ich
erfahren bis zum heutigen Tag und
stehe nun hier und bin sein Zeuge.
APOSTELGESCHICHTE 26,22

Du wirst bei uns sein, wenn wir die Tage zählen,
und hast uns doch im Leben soviel Schönheit gezeigt, soviel
Ermutigendes. Hast uns Träume gemacht, Wünsche erfüllt und
Glück geschenkt durch deine Nähe. Wir aber sind nichts ohne
dich. Kein Herz, kein Himmel, keine Erde sind ohne dich denkbar.
Wir glauben an dich, loben und lieben dich.
HANNS DIETER HÜSCH

MATTHÄUS 25,1–13

Mittwoch

22
NOVEMBER

Mein Tag

Kein Mensch kann gegenüber Gott im Recht sein. Wenn jemand mit ihm darüber streiten wollte, könnte er ihm von 1000 Fragen keine beantworten.

HIOB 9,2–3 BB

Ich will zu meinem Vater gehen und zu ihm sagen: Vater, ich bin vor Gott und vor dir schuldig geworden.

LUKAS 15,18 BB

Was habt ihr mit mir getan?
Mich habt ihr auf Goldgrund gemalt,
und eure Armen verkommen in Slums.
Mich überschüttet ihr mit tausend Gebeten,
und für eure Nachbarn habt ihr kein gutes Wort.
Mich nennt ihr den Weltenrichter,
und ihr richtet über einen jeden.
Mich bittet ihr täglich um Erbarmen,
aber einander wollt ihr nicht verzeihen.

JOSEF DIRNBECK/MARTIN GUTL

MATTHÄUS 25,14–23

Mein Tag

Donnerstag
23
NOVEMBER

Gott, du weißt, wie unverständig
ich war; meine Schuld
ist dir nicht verborgen.
PSALM 69,6 GN

Durch Christi Blut sind wir erlöst:
Unsere ganze Schuld ist uns
vergeben. So zeigte Gott uns den
Reichtum seiner Gnade.
EPHESER 1,7 GN

Du siehst nicht meine Fehler,
du siehst mich schon im Licht,
verleihst mir Wert und Würde,
du schämst dich nicht für mich.
Ich muss mich nicht beweisen,
ich bin geliebtes Kind.
Bei dir bin ich willkommen,
genau so, wie ich bin.
SEFORA NELSON/ARNE KOPFERMANN

MATTHÄUS 25,24–30

Mein Tag

Freitag
24
NOVEMBER

Ich werde zu ihnen sagen: »Ihr seid mein Volk«, und sie werden sagen: »Du, HERR, bist unser Gott.«
SACHARJA 13,9

Gott wird bei ihnen wohnen, und sie werden seine Völker sein, und er selbst, Gott mit ihnen, wird ihr Gott sein; und Gott wird abwischen alle Tränen von ihren Augen.
OFFENBARUNG 21,3–4

Nicht wo der Himmel ist, ist Gott, sondern wo Gott ist, ist der Himmel.
GERHARD EBELING, EVANGELISCHER THEOLOGE

Himmlisch! Deine Nähe.
Himmlisch! Deine Treue.
Himmlisch! Deine Herrlichkeit.

MATTHÄUS 25,31–40

Mein Tag

Samstag
25
NOVEMBER

Alles, was der HERR gesagt hat,
wollen wir tun und darauf hören.
2. MOSE 24,7

Seid Täter des Worts
und nicht Hörer allein; sonst
betrügt ihr euch selbst.
JAKOBUS 1,22

*Es gibt nichts Gutes,
außer man tut es.*
ERICH KÄSTNER

Lass uns hören, verstehen und tun!
Das, was in deinem Sinne ist.
Das, was Leben gelingen lässt.
Das, was guttut.

MATTHÄUS 25,41–46

Sonntag
26
NOVEMBER

Mein Tag

Der HERR ist gütig, eine Zuflucht am Tag der Not, und er kennt jene, die Zuflucht suchen bei ihm.
NAHUM 1,7 ZB

Bittet, so wird euch gegeben; sucht, so werdet ihr finden; klopft an, so wird euch aufgetan.
MATTHÄUS 7,7

Weil Gott der lebendige Gott ist, kann er erhören. Weil er der liebende Gott ist, will er erhören.
CHARLES HADDON SPURGEON

Geh betend in den Tag hinein! Was immer er auch bringt, nimm betend es aus Gottes Hand, was fehlschlägt, was gelingt! Geh betend durch des Tages Last, dann wird dir nichts zu schwer! Der Wegbereiter Jesus Christ, er geht ja vor dir her.
KÄTE WALTER

PSALM 90,1–17

Mein Tag

Montag
27
NOVEMBER

Unterdrückt nicht Witwen und
Waisen, Fremde und Arme!
SACHARJA 7,10 BB

Das passt nicht zu dem, was ihr
über Christus gelernt habt.
EPHESER 4,20 BB

Unsere Erde ist nur ein kleines Gestirn im großen Weltall.
Unsere Aufgabe ist es, daraus einen Planeten zu machen,
dessen Geschöpfe nicht von Kriegen gepeinigt werden,
nicht von Hunger und Furcht gequält,
nicht zerrissen in sinnloser Trennung nach Rasse,
Hautfarbe oder Weltanschauung.
Gib uns den Mut und die Voraussicht,
schon heute mit diesem Werk zu beginnen,
auf dass unsere Kinder und Kindeskinder einst mit Stolz
den Namen »Mensch« tragen.
GEBET DER VEREINTEN NATIONEN

JESAJA 56,1–2.6–7

Dienstag, 28. November

Mein Tag

Wenn dein Wort offenbar wird, so erleuchtet es und macht klug die Unverständigen.
PSALM 119,130

Einst wart ihr Finsternis, jetzt aber seid ihr Licht im Herrn. Lebt als Kinder des Lichts.
EPHESER 5,8

Es ist unmöglich, dass ein Mensch in die Sonne schaut, ohne dass sein Angesicht hell wird.
— FRIEDRICH VON BODELSCHWINGH, EVANGELISCHER THEOLOGE

Leucht uns entgegen
mit deinem Licht,
Gott der Klarheit.
Befreie uns
von der düsteren Sicht.
Belebe unsere Welt
mit deinen Farben.
WALTER JENS

JESAJA 58,1–9A

Mein Tag

Mittwoch
29
NOVEMBER

Hilf doch, HERR! Denn es gibt keinen
mehr, der zu dir hält,
und alle treuen Menschen sind
verschwunden.
PSALM 12,2 NGÜ

Wer Gott aufgibt, der löscht die Sonne aus, um mit einer Laterne weiterzuwandern.
CHRISTIAN MORGENSTERN

Jesus sprach zu den Zwölfen:
Wollt ihr auch weggehen?
JOHANNES 6,67

Lieber Gott, ich rette dich,
den Taschendieben schenke ich Schokolinsen,
den Hassprediger entwaffne ich mit einem Lächeln,
den Zynikern begegne ich mit Engelszungen,
ich lasse dich nicht mit ihnen allein.
SUSANNE NIEMEYER

JESAJA 58,9B–12

Mein Tag

Donnerstag
30
NOVEMBER

Euch, die ihr meinen Namen fürchtet, soll aufgehen die Sonne der Gerechtigkeit und Heil unter ihren Flügeln.
MALEACHI 3,20

Die Nacht ist vorgerückt, der Tag ist nahe herbeigekommen.
RÖMER 13,12

Ich glaube an Christus, so wie ich glaube, dass die Sonne aufgegangen ist, nicht nur weil ich sie sehe, sondern weil ich durch sie alles andere sehen kann.
C. S. LEWIS, IRISCHER SCHRIFTSTELLER IM 20. JAHRHUNDERT

JESAJA 59,9–15A

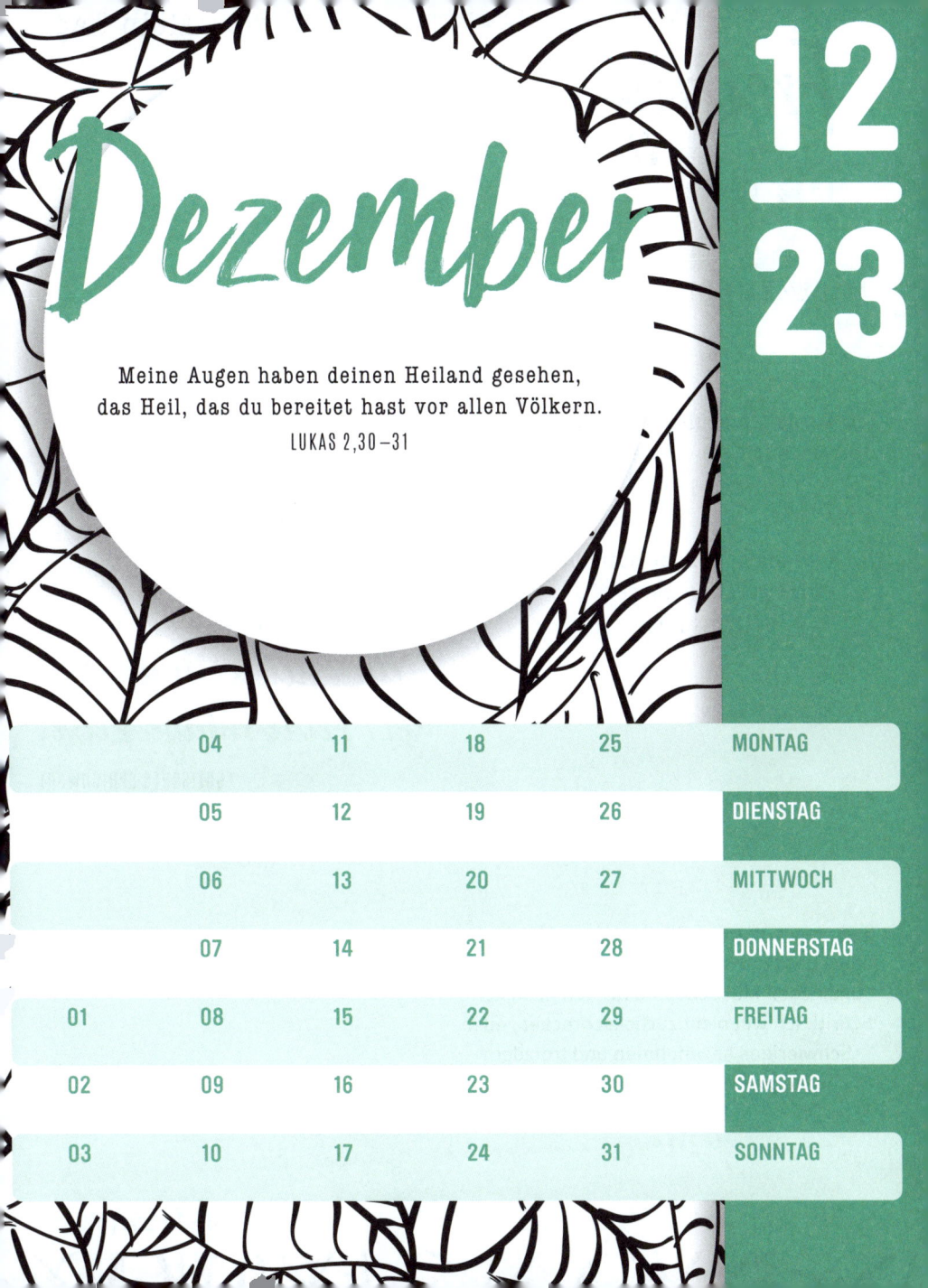

Dezember

12 / 23

Meine Augen haben deinen Heiland gesehen, das Heil, das du bereitet hast vor allen Völkern.

LUKAS 2,30–31

	04	11	18	25	**MONTAG**
	05	12	19	26	**DIENSTAG**
	06	13	20	27	**MITTWOCH**
	07	14	21	28	**DONNERSTAG**
01	08	15	22	29	**FREITAG**
02	09	16	23	30	**SAMSTAG**
03	10	17	24	31	**SONNTAG**

Mein Tag

Freitag
01
DEZEMBER

Ich werde sie prüfen, wie Metall werde ich sie schmelzen.
JEREMIA 9,6 BB

Wer aber bis zum Ende standhält, wird gerettet werden.
MARKUS 13,13 BB

Gott verspricht eine sichere Landung, aber keine ruhige Reise.
ENGLISCHES SPRICHWORT

Gott, segne die vergeblichen Versuche dieses Tages. Lass mich den Rückschlägen zulächeln und neuen Mut schöpfen für den nächsten Schritt. Ich will nicht zurückschrecken, auch Schwieriges anzunehmen und trotzdem weiterzumachen – mit deiner Hilfe!

Amen.

JESAJA 59,15B–21

Mein Tag

Samstag
02
DEZEMBER

Herr, sei mir gnädig,
denn mir ist angst!
PSALM 31,10

Die Jünger weckten Jesus auf und riefen: »Rette uns, Herr, wir gehen unter!« Jesus sagte zu ihnen: »Warum habt ihr solche Angst? Ihr habt zu wenig Vertrauen!« Dann stand er auf und sprach ein Machtwort zu dem Wind und den Wellen. Da wurde es ganz still.
MATTHÄUS 8,25–26 BB

Gott, du kannst alles. Keine Frage.
Aber immer wieder traue ich dir nicht.
Ich traue dir doch nicht alles zu.
Und wenn ich dann zu dir bete:
Rechne ich wirklich mit dir?
Erwarte ich von dir gehört zu werden?
Jesus, bitte nimm mein Misstrauen.
Nimm meinen Kleinglauben.
Ich will mich auf dich verlassen!

Amen.

JESAJA 60,1–3

Sonntag
03
DEZEMBER
1. ADVENT

Mein Tag

Der HERR wird Zion wieder trösten.
SACHARJA 1,17

Simeon wartete auf den Trost Israels, und der Heilige Geist war auf ihm.
LUKAS 2,25

To do:

Adventszeit. Wartezeit. Vorbereitungszeit. Gott kommt. Und verschenkt sich an diese Welt. Nimm dir Zeit für seinen Besuch!

Wir sagen euch an den lieben Advent.
Sehet, die erste Kerze brennt!
Wir sagen euch an eine heilige Zeit.
Machet dem Herrn den Weg bereit.
Freut euch, ihr Christen, freuet euch sehr!
Schon ist nahe der Herr.
MARIA FERSCHL

PSALM 24,1–10

Mein Tag

Montag
04
DEZEMBER

Fürchte dich nicht,
ich stehe dir bei! Hab keine Angst,
ich bin dein Gott!
JESAJA 41,10 GN

Die Kinder im Tempel riefen laut:
»Gepriesen sei der Sohn Davids!«
MATTHÄUS 21,15 GN

Top five:

Angstvertreiber

1. Stoßgebete
2. Ein Lied anstimmen
3. Kerzen entzünden
4. Kinderlachen
5. Tief durchatmen

Meine Top five:

_____

_____

_____

_____

_____

Wenn meine Aufregung steigt und steigt und die Angst wie Schatten an der Wand immer größer wird, dann bist du an meiner Seite, machst du meine Unsicherheit klein, stärkst mir den Rücken und sprichst: Trau dich!

JESAJA 60,19–22

Dienstag
05
DEZEMBER

Mein Tag

Zu schwer lasten unsere Vergehen auf uns, du allein kannst sie vergeben.
PSALM 65,4

Als die Zeit gekommen war, sandte Gott seinen Sohn. Er wurde von einer Frau geboren und war dem Gesetz unterstellt. Dadurch wollte Gott alle freikaufen, die dem Gesetz unterworfen waren. Auf diese Weise wollte Gott uns als seine Kinder annehmen.
GALATER 4,4–5 BB

Ihr, die ihr seit langem nach dem Leben jagt, und bisher vergeblich Antworten erfragt, hört die gute Nachricht, dass euch Christus liebt, dass er eurem Leben Sinn und Hoffnung gibt. Kommt, atmet auf, ihr sollt leben. Ihr müsst nicht mehr verzweifeln, nicht länger mutlos sein. Gott hat seinen Sohn gegeben, mit ihm kehrt neues Leben bei uns ein.
PETER STRAUCH, BUCHAUTOR UND LIEDERMACHER

Nicht um zu richten, bist du gekommen, Gott, sondern zu suchen, was verloren ist und zu befreien, was in Schuld und Angst gefangen liegt. Nimm uns, so wie wir sind, mit der ganzen sündigen Vergangenheit. Du bist doch größer als unser Herz, größer als alle Schuld, du bist der Schöpfer einer neuen Zukunft, ein Gott der Liebe.
HUUB OOSTERHUIS

JESAJA 61,1–3

Mein Tag

Mittwoch
06
DEZEMBER

Die Tage deiner Trauer werden ein Ende haben.
JESAJA 60,20

Wenn es jetzt klingeln würde.
Aber niemand stünde vor der Tür.
Auf der Fußmatte liegt ein Zettel.
Du hebst ihn auf. Liest ihn.
Dein Gesicht wird hell.
Was steht auf dem Zettel?
SUSANNE NIEMEYER

Das Wort wurde Mensch und lebte unter uns. Wir selbst haben seine göttliche Herrlichkeit gesehen, eine Herrlichkeit, wie sie Gott nur seinem einzigen Sohn gibt. In ihm sind Gottes Gnade und Wahrheit zu uns gekommen.
JOHANNES 1,14 HFA

Komm, o komm, du Geist des Lebens, wahrer Gott von Ewigkeit,
deine Kraft sei nicht vergebens, sie erfüll uns jederzeit;
so wird Geist und Licht und Schein in dem dunklen Herzen sein.
HEINRICH HELD

JESAJA 61,10–11

Donnerstag
07
DEZEMBER

Mein Tag

Die Israeliten schrien zu dem HERRN und sprachen: Wir haben an dir gesündigt, denn wir haben unsern Gott verlassen.
RICHTER 10,10

Zacharias sprach: Du wirst vor dem Herrn hergehen und ihm den Weg bahnen. Seinem Volk wirst du zeigen, dass es durch die Vergebung der Sünden gerettet wird.
LUKAS 1,76–77 HFA

Wer Christus nachfolgt und sich konsequent von ihm her versteht, der ist sich selbst immer einen Schritt voraus.
HANS-JOACHIM ECKSTEIN

Trotz allem – mit dir vorwärts gehen!

JESAJA 62,6–12

Mein Tag

Freitag
08
DEZEMBER

Gedenkt nicht an das Frühere
und achtet nicht auf das Vorige!
Denn siehe, ich will ein Neues
schaffen, jetzt wächst es auf,
erkennt ihr's denn nicht?
JESAJA 43,18–19

Das Himmelreich gleicht einem
Senfkorn, das ein Mensch nahm und
auf seinen Acker säte.
MATTHÄUS 13,31

Wildwuchs.
Was dazwischen wächst.
Zunächst unbemerkt.
Da entsteht neues Leben.
Was niemand für möglich hielt.

JESAJA 63,15–19A

Samstag
09
DEZEMBER

Mein Tag

Ich war schon mehr tot als lebendig, doch du hast mich dem sicheren Tod entrissen und mir das Leben neu geschenkt.
PSALM 30,4 HFA

Jesus spricht: Die Zeit wird kommen, ja, sie hat schon begonnen, in der die Toten die Stimme von Gottes Sohn hören werden. Und wer diesen Ruf hört, der wird leben.
JOHANNES 5,25 HFA

Tod führt zum Abbruch jeglicher Beziehung. Gott als Liebe aber kann Beziehungslosigkeit auf den Tod nicht leiden. Daher ruft sie durch ihr schöpferisches Wort den unschuldig Ermordeten neu ins Leben und schenkt Beziehung, der kein Tod mehr droht.
ANDREAS KNAPP

JESAJA 63,19B–64,3

Mein Tag

Sonntag
10
DEZEMBER
2. ADVENT

> Wo ist ein Gott im Himmel und auf Erden, der es deinen Werken und deiner Macht gleichtun könnte?
>
> 5. MOSE 3,24

> Es gibt verschiedene Kräfte, aber es ist immer derselbe Gott. Er bewirkt das alles in allen Menschen.
>
> 1. KORINTHER 12,6 BB

Der Zufall ist das Pseudonym, das der liebe Gott wählt, wenn er inkognito bleiben will.

ALBERT SCHWEITZER

Immer wieder
Unglaublich heute
Überraschend regelmäßig
Rund um die Uhr
Jahr und Tag
Gerade jetzt
Schon von Anfang an
Bis in alle Ewigkeit
Jede Sekunde
Einfach immer
Bist du
»Ich bin da«
für mich

MARCUS C. LEITSCHUH

JESAJA 65,16B–25

Montag
11
DEZEMBER

Mein Tag

Herr, vor dir liegt all mein Sehnen,
und mein Seufzen ist dir nicht
verborgen.
PSALM 38,10

Das ist die Zuversicht,
mit der wir vor ihm reden:
Wenn wir um etwas bitten nach
seinem Willen, so hört er uns.
1. JOHANNES 5,14

*Manchmal drohe ich
an meinen nicht gebeteten
Gebeten zu ersticken.*
GEORG SCHWIKART

In deiner Gegenwart sein.
Und aufatmen

JESAJA 66,18B–19

Mein Tag

Dienstag
12
DEZEMBER

Gott segnete den siebenten Tag und heiligte ihn, weil er an ihm ruhte von allen seinen Werken.
1. MOSE 2,3

Der Friede Gottes, der höher ist als alle Vernunft, wird eure Herzen und Sinne bewahren in Christus Jesus.
PHILIPPER 4,7

Schenke mir nicht nur äußere Ruhe, sondern inneren Frieden, dass ich Ja sage zu allem, was in mir ist. Lass mich mit dir über alles, was geworden ist, sprechen: Es war sehr gut.
ANSELM GRÜN

SACHARJA 1,1–6

Mittwoch
13
DEZEMBER

Mein Tag

Schon bevor ich anfange zu reden, weißt du, was ich sagen will.
PSALM 139,4 HFA

Christus wird alles ans Licht bringen, was jetzt noch verborgen ist, auch unsere geheimsten Wünsche und Gedanken.
1. KORINTHER 4,5 HFA

Nimm dir jeden Tag die Zeit, still zu sitzen und auf die Dinge zu lauschen. Achte auf die Melodie des Lebens, welche in dir schwingt.
BUDDHA

Das ist mein Gebet an dich, der du meine Gedanken lange kennst, bevor ich sie in Worte fassen kann:

_____
_____
_____
_____
_____

SACHARJA 1,13–17

Mein Tag

Donnerstag
14
DEZEMBER

> Ein Licht strahlt auf über den Gerechten. Freude erfüllt die Herzen der Aufrechten.
> **PSALM 97,11 BB**

Stichwort: Gerechte

Menschen, die Gottes Gebote befolgen, sodass das Leben in Gemeinschaft miteinander gelingt.
KURZERKLÄRUNG DER BASISBIBEL

> Wenn das Himmelreich kommt, wird es sein wie folgendes Gleichnis: Zehn Brautjungfern nahmen ihre Fackeln und gingen hinaus, um den Bräutigam zu empfangen. Fünf von ihnen waren dumm, die anderen fünf waren klug.
> **MATTHÄUS 25,1–2 BB**

> Wenn durch einen Menschen ein wenig mehr Liebe und Güte, ein wenig mehr Licht und Wahrheit in der Welt war, hat sein Leben einen Sinn gehabt.
> **ALFRED DELP**

SACHARJA 2,5–9

Mein Tag

Freitag
15
DEZEMBER

Die mit Schiffen auf dem Meere fuhren und des HERRN Werke erfahren haben und seine Wunder im Meer: Sie sollen den HERRN preisen für seine Gnade und für seine Wunder, die er uns Menschen erleben lässt!

PSALM 107,23.24.31 HFA

Als wir in Sicherheit waren, erfuhren wir, dass die Insel Malta hieß. Ihre Bewohner waren sehr freundlich. Sie zündeten ein Feuer an und holten uns alle dazu.

APOSTELGESCHICHTE 28,1–2 HFA

An Wundern ist niemals Mangel in der Welt, sondern nur am Sichwundernkönnen.

GILBERT KEITH CHESTERTON, ENGLISCHER SCHRIFTSTELLER UND JOURNALIST

Dieser hoffnungsvolle Blick aufs Leben. Und die großzügige Einstellung. Wenn ich meinem Bekannten begegne, dann ermutigt mich sein freundliches Wesen. Jedes Mal. Und von seiner Art färbt auch etwas auf mich ab. Wunderbar! Danke, dass ich das erleben darf.

Amen.

SACHARJA 2,10–17

Mein Tag

Samstag
16
DEZEMBER

Der HERR sprach zu seinem Volk: Siehe, ich will euch Getreide, Wein und Öl die Fülle schicken, dass ihr genug daran haben sollt.

JOEL 2,19

Jesus nahm die fünf Brote und die zwei Fische, sah auf zum Himmel, dankte und brach's und gab die Brote den Jüngern, und die Jünger gaben sie dem Volk. Und sie aßen alle und wurden satt.

MATTHÄUS 14,19–20

Warum sitzen wir
nicht
alle gemeinsam
an deinem
reich gedeckten
Tisch
und
werden
alle satt?

SACHARJA 8,1–8

Sonntag
17
DEZEMBER
3. ADVENT

Mein Tag

Gott ist kein Mensch, der lügt.
Er ist nicht wie einer von uns,
der seine Versprechen
bald wieder bereut.

4. MOSE 23,19 HFA

Paulus schreibt: Gott ist mein
Zeuge, dass wir niemals etwas
anderes sagen, als wir wirklich
meinen. Auch Jesus Christus, der
Sohn Gottes, den Silvanus,
Timotheus und ich euch verkündet
haben, war nicht gleichzeitig »Ja«
und »Nein«. Er selbst ist in seiner
Person das Ja Gottes zu uns.

2. KORINTHER 1,18–19 HFA

Ohne Wenn und Aber

Kein: Ja, aber …
Kein: Ja, später vielleicht …
Kein: Ja, etwas davon …
Kein: Ja als falscher Kompromiss …
Kein: Ja als frommer Wunsch …
Kein: Ja als enttäuschte Hoffnung …
Dein: JA. Ganz und gar und ehrlich!
Für mich.

SACHARJA 8,14–17

Mein Tag

Montag
18
DEZEMBER

Gott ändert Zeit und Stunde;
er setzt Könige ab
und setzt Könige ein.
DANIEL 2,21

Er stößt die Gewaltigen vom Thron
und erhebt die Niedrigen.
LUKAS 1,52

Lass uns nicht vergessen,
wer am Ende auf dem Thron sitzt.
Du, allmächtiger Gott, regierst die Welt,
auch wenn es manchmal nicht danach aussieht.
Aber bei dir gelten andere Maßstäbe!
Du gibst denen eine Stimme, die niemand hört.
Du lässt die wachsen, die nicht meinen, die
Größten zu sein!

Amen.

SACHARJA 8,20–23

Dienstag
19 DEZEMBER

Mein Tag

Der Herr hat ein offenes Auge für alle, die ihm die Treue halten, und ein offenes Ohr für ihre Bitten.
PSALM 34,16 GN

Seid fröhlich als Menschen der Hoffnung, bleibt standhaft in aller Bedrängnis, lasst nicht nach im Gebet.
RÖMER 12,12 GN

Ich habe die Wahl, entweder wütend auf Gott zu sein für das, was ich nicht habe, oder Gott dankbar zu sein für das, was ich habe.
NICK VUJICIC, EVANGELIST UND MOTIVATIONSTRAINER, SEIT GEBURT FEHLEN IHM ARME UND BEINE.

Herr, ich muss in meinem Leben mit Einschränkungen leben. Ich kann nicht alles das tun, was viele andere können. Aber du hast mich in deiner unvergleichlichen Liebe gesucht und gefunden. Hilf mir, mein Leben immer wieder neu anzunehmen und es in deiner Kraft zu bestehen! Von ganzem Herzen danke ich dir.
GUNTER LANGE

SACHARJA 9,9–10

Mein Tag

Mittwoch
20
DEZEMBER

Lobe den HERRN, der dir alle deine Sünde vergibt und heilet alle deine Gebrechen.
PSALM 103,2.3

Darin besteht die Liebe: nicht dass wir Gott geliebt haben, sondern dass er uns geliebt hat und gesandt seinen Sohn zur Versöhnung für unsre Sünden.
1. JOHANNES 4,10

Ich will dich loben für _____!

Ich will dich loben für _____!

Ich will dich loben für _____!

Amen.

JESAJA 9,1–6

Donnerstag
21
DEZEMBER

Mein Tag

Ich will meinen Odem in euch geben,
dass ihr wieder leben sollt,
und will euch in euer Land setzen,
und ihr sollt erfahren, dass ich
der HERR bin.
HESEKIEL 37,14

Wo der Geist des Herrn ist,
da ist Freiheit.
2. KORINTHER 3,17

Vertraut den neuen Wegen, auf die uns Gott gesandt!
Er selbst kommt uns entgegen. Die Zukunft ist sein Land.
Wer aufbricht, der kann hoffen in Zeit und Ewigkeit.
Die Tore stehen offen. Das Land ist hell und weit.
KLAUS PETER HERTZSCH

#baldistessoweit
#himmelauferden
#weihnachten2023

MICHA 5,1–4A

Mein Tag

Freitag
22
DEZEMBER

Werdet ihr der Stimme des HERRN nicht gehorchen, so wird die Hand des HERRN gegen euch sein wie gegen eure Väter.
1. SAMUEL 12,15

Anders der Mensch, der tief und anhaltend in das vollkommene Gesetz Gottes blickt, das uns frei macht. Er hört nicht nur hin, um es gleich wieder zu vergessen, sondern handelt danach. Freuen darf sich, wer das wirklich tut.
JAKOBUS 1,25 GN

Lenke unsere Schritte in deine Richtung.
Weise uns den Weg in deine Freiräume.
Richte unser Denken, Reden und Tun auf das, was zum Guten führt und halte deine Hände über uns.

LUKAS 1,26–38

Samstag 23 Dezember

Mein Tag

So spricht der HERR: Nächstenliebe will ich, keine Schlachtopfer. Gott sollt ihr erkennen, nicht Opferfeste feiern.
HOSEA 6,6 BB

Durch die Liebe wird das ganze Gesetz erfüllt.
RÖMER 13,10 BB

Der Nächste ist nicht der, den ich mag, es ist jeder, der mir nahe kommt, ohne Ausnahme.
EDITH STEIN

Segne die Menschen, mit denen ich heute zusammentreffe, damit ich das Antlitz Jesu in ihnen entdecke und behutsam und achtsam mit ihnen umgehe, dass ich an das Gute in ihnen glaube und es durch mein Verhalten hervorlocken kann.
ANSELM GRÜN

MATTHÄUS 1,18–25

Mein Tag

Sonntag
24
DEZEMBER

**4. ADVENT/
HEILIGER ABEND**

Noch liegt Finsternis über der Erde,
Dunkelheit bedeckt die Völker.
Doch über dir erstrahlt der HERR,
sein herrlicher Glanz scheint
auf dich.

JESAJA 60,2 BB

Weihnachten.
Die Nacht ist hell.
Gott hat sich ein Fest bereitet,
das es in seinem Himmel nicht gab:
Er ist Mensch geworden.

KARL RAHNER

Die Engel verließen die Hirten und
kehrten in den Himmel zurück.
Da sagten die Hirten zueinander:
»Kommt, wir gehen nach Betlehem!
Wir wollen sehen, was da geschehen
ist und was der Herr uns
mitgeteilt hat!«

LUKAS 2,15 BB

Die Nacht ist schon im Schwinden, macht euch zum Stalle auf!
Ihr sollt das Heil dort finden, das aller Zeiten Lauf
von Anfang an verkündet, seit eure Schuld geschah.
Nun hat sich euch verbündet, den Gott selbst auserlah.

JOCHEN KLEPPER

LUKAS 2,1–7

Montag
25 DEZEMBER
WEIHNACHTSFEST

Mein Tag

Herr, ich leide Not,
tritt für mich ein!
JESAJA 38,14

Euch ist heute der Heiland geboren.
LUKAS 2,11

Weil Gott will, dass wir seine Gnade und Liebe spüren, wurde er Mensch wie wir.
JOHANNES FRIEDRICH

Euch ist ein Kindlein heut geborn von einer Jungfrau auserkorn,
ein Kindelein so zart und fein, das soll eu'r Freud und Wonne sein.
Es ist der Herr Christ, unser Gott, der will euch führn aus aller Not,
er will eu'r Heiland selber sein, von allen Sünden machen rein.
MARTIN LUTHER

LUKAS 2,8–20

Mein Tag

Dienstag
26
DEZEMBER
2. WEIHNACHTSTAG

Ich, der HERR, bin dein Heiland, und ich, der Mächtige, dein Erlöser.
JESAJA 60,16

Jetzt ist sichtbar geworden im Erscheinen unseres Retters, Christus Jesus: Er hat den Tod besiegt und hat aufleuchten lassen Leben und Unsterblichkeit, durch das Evangelium.
2. TIMOTHEUS 1,10 ZB

In der Ohnmacht dieses Kindes in der Krippe verbirgt sich die Allmacht Gottes.
FRIEDRICH WETTER

Das Wunder wird wahr. Du hast das Heil für uns gebracht. Die Krippe und das Kreuz sind aus demselben Holz gemacht. Immanuel, du bist uns nah. Immanuel, in Jesus bist du für uns da.
TOBI WÖRNER

MATTHÄUS 2,1–6

Mittwoch
27
DEZEMBER

Mein Tag

Ich bin der Erste, und ich bin der Letzte, und außer mir ist kein Gott.
JESAJA 44,6

Darum sollt ihr so beten: Unser Vater im Himmel! Dein Name werde geheiligt.
MATTHÄUS 6,9

Gott kennt den ganzen Weg, wir kennen nur den nächsten Schritt.
DIETRICH BONHOEFFER

Geheiligt werde dein Name –
nicht der meine,
dein Reich komme –
nicht das meine,
dein Wille geschehe –
nicht der meine.
DAG HAMMARSKJÖLD

MATTHÄUS 2,7–12

Mein Tag

Donnerstag
28
DEZEMBER

> Du lässt das Gras sprießen für das Vieh und lässt die Pflanzen wachsen, die der Mensch für sich anbaut, damit die Erde ihm Nahrung gibt.
> PSALM 104,14 GN

> Dankt Gott, dem Vater, zu jeder Zeit für alles im Namen unseren Herrn Jesus Christus.
> EPHESER 5,20 GN

> Alle Kreaturen schreien uns an, dass wir Gott dankbar sein sollen. Wenn wir Augen und Ohren hätten, könnten wir sehen und hören, wie das Korn uns anredet: sei fröhlich in Gott, iss und trink, brauche mich und diene dem Nächsten!
> MARTIN LUTHER

LUKAS 2,25–35

Freitag 29
DEZEMBER

Mein Tag

Wenn du dich bekehrst zu dem HERRN, deinem Gott, wird er deine Gefangenschaft wenden und sich deiner erbarmen.

5. MOSE 30,2.3

Erfüllt ist die Zeit, und nahe gekommen ist das Reich Gottes. Kehrt um und glaubt an das Evangelium!

MARKUS 1,15

Bekehren heißt immer befreien.

ANTOINE DE SAINT-EXUPÉRY

Befreit durch deine Gnade, erschließt sich mir ein neuer Horizont. Wie gut du von mir denkst, war mir nicht klar. Lass mich durch deine Augen sehn, erkennen, welchen Mensch du in mir siehst, und mach mir klar: Was du sagst, ist wahr.

JULIANE EVA UND CLAUS-PETER EBERWEIN

LUKAS 2,36–38

Mein Tag

Samstag
30
DEZEMBER

> Josef sprach zur Frau des Potifar, die ihn verführen wollte: **Wie könnte ich ein so großes Unrecht begehen und gegen Gott sündigen?**
> 1. MOSE 39,9

Stichwort: heilig
Menschen oder Dinge, die zu Gott gehören und mit ihm in Verbindung stehen.
KURZERKLÄRUNG DER BASISBIBEL

> Gott hat uns dazu berufen, ein geheiligtes Leben zu führen und nicht ein Leben, das von Sünde beschmutzt ist.
> 1. THESSALONICHER 4,7 NGÜ

Du bist anders als alles,
was wir in dieser Welt kennen.
Du bist heilig!
Und wir dürfen mit dir verbunden sein,
uns von deiner Herrlichkeit anstrahlen lassen,
damit dein Heil in unser Leben strömt
und wir anders werden können. Heilig!

Amen.

PSALM 145,1–9

Sonntag

31

DEZEMBER

ALTJAHRSABEND

Mein Tag

Ich habe dich einen kleinen
Augenblick verlassen,
aber mit großer Barmherzigkeit
will ich dich sammeln.

JESAJA 54,7

Unser Herr Jesus Christus,
und Gott, unser Vater, der uns
geliebt und uns einen ewigen Trost
gegeben hat und eine gute Hoffnung
durch Gnade, der tröste eure
Herzen und stärke euch in allem
guten Werk und Wort.

2. THESSALONICHER 2,16–17

An der Schwelle des neuen Jahres lacht die Hoffnung und wispert, es werde uns mehr Glück bringen.

ALFRED LORD TENNYSON

Alles, was zu Ende geht,
kommt in deine Hand.
Das Jahr, unser Leben, die ganze Welt.
Alles, was in deine Hand kommt,
erhält einen neuen Anfang.
Das Jahr, unser Leben, die ganze Welt.

PSALM 146,1–10

Mein *Jahr*

Welche guten Nachrichten haben mich erreicht?

1. _____
2. _____
3. _____

Was hab ich neu für mich entdeckt?

1. _____
2. _____
3. _____

Wer hat mich überrascht? Und wie?

1. _____
2. _____
3. _____

Wofür bin ich dankbar?

1. _____
2. _____
3. _____

Woran möchte ich mich erinnern?

1. _____
2. _____
3. _____

Was wünsche ich mir für 2024?

_____
_____
_____

Meine *Notizen*

Quellenverzeichnis

VERWENDETE BIBELN

Ohne Angabe: Lutherbibel, revidiert 2017, © 2016 Deutsche Bibelgesellschaft, Stuttgart
BB: BasisBibel, die 4 Evangelien, © 2008 Deutsche Bibelgesellschaft, Stuttgart
GN: Gute Nachricht Bibel, durchgesehene Neuausgabe, © 2018 Deutsche Bibelgesellschaft, Stuttgart
Hfa: Hoffnung für alle®, © 1983, 1996, 2002 by International Bible Society®. Verwendet mit freundlicher Genehmigung des Verlags.
NGÜ: Bibeltext der Neuen Genfer Übersetzung – Neues Testament und Psalmen, Copyright © 2011 Genfer Bibelgesellschaft. Wiedergegeben mit freundlicher Genehmigung. Alle Rechte vorbehalten.
ZB: Zürcher Bibel, Fassung 2007, © Verlag der Zürcher Bibel beim Theologischen Verlag Zürich

JANUAR

01.01. c) Du. Text & Musik: Jelena Herder. Aus: Jelena Herder, Von Scherben und Schönheit ©2020 Jelena Herder – Musik & Poesie, www.jelenaherder.de
05.01. d) Text und Melodie: Daniel Kallauch, Rechte: cap!-musik, Altensteig.
09.01. d) © Strube Verlag, München
10.01. d) © Rechtsnachfolge Eberhard Jüngel
12.01. c) © Thomas Plaßmann, www.thomasplassmann.de
14.01. c) © bei der Autorin
15.01. c) Aus: StehaufMensch! – Aufstellbuch. 52 Vitamine für die Seele, 08/2020 adeo. © 2020 adeo Verlag in der SCM Verlagsgruppe GmbH, www.adeo-verlag.de
15.01. d) Huub Oosterhuis, Dein Trost ist nah, © 1978 Verlag Herder GmbH, Freiburg i. Br.
16.01. d) Du bist treu. Text & Melodie: Arne Kopfermann © 2015 SCM Hänssler, Holzgerlingen
20.01. d) © Evangelische Brüder-Unität
21.01. c) © bei der Autorin
27.01. d) Selbstverpflichtungskarten 2019. Arbeitsgemeinschaft Christlicher Kirchen in Deutschland, Gebetswoche für die Einheit der Christen.www.oekumene-ack.de
30.01. c) Aus: Trotzkraft, Christina Brudereck, © 2021 2Flügel Verlag, Essen, Text 113.
31.01. c) © Hans-Joachim Eckstein, Wertschätzungen, ²2022, S. 681

FEBRUAR

01.02. c) Aus: Von wegen. Ein Begleiter fürs Pilgern, Wandern, Leben, Tobias Petzoldt, © 2021 by edition chrismon in der Evangelischen Verlagsanstalt, Leipzig, S. 13.
02.02. c) www.photocase.com
05.02. c) Ulrike Rauhut, Gesegnet seist du, in: dies., Voll das Leben! Gebete und Segenswünsche zur Konfirmation. © 2013 Neukirchener Verlagsgesellschaft mbH, Neukirchen-Vluyn, S. 9.
07.02. c) www.photocase.com
08.02. d) In: mission.de-Materialheft 2, Evangelisches Missionswerk in Deutschland, Hamburg 2008, S. 29
10.02. c) www.istock.com
10.02. d) »Komm, sag es allen weiter« (1 Strophe). Text: Friedrich Walz © by Gustav Bosse Verlag / Bärenreiter-Verlag Karl Vötterle GmbH & Co. KG, Kassel
12.02. c) www.photocase.com
13.02. c) Aus: Jugend & Gott. Gedanken und Gebete, Hg. von Alfonso Pereia und Georg Schwikart © 2012 Butzon & Bercker GmbH, Kevelaer, www.bube.de
15.02. c) Aus: Leuchtmomente 2 – Postkartenbox, 08/2019, adeo. © 2019 adeo Verlag in der SCM Verlagsgruppe GmbH, www.adeo-verlag.de
16.02. c) www.photocase.com
17.02. c) Aus: Andreas Knapp, noch knapper. 99 Miniaturen über Gott, Welt und Mensch. © Echter Verlag Würzburg, 2021, S. 12.
17.02. d) Darum jubel ich dir zu. Originaltitel: Stand Here And Rejoice. Text und Musik: Danny Plett. dt. Text: Ute Meißner © 2004 JANZ Musikverlag adm. by Gerth Medien, Asslar

19.02. d) Pnina Navè, Léon Arthur Elchinger, Du unser Vater, © 1975 Verlag Herder GmbH, Freiburg i. Br.
21.02. d) Aus: Yoube. Evangelischer Jugendkatechismus, Dominik Klenk/ Roland Werner/ Bernd Wannenwetsch, Fontis Brunnen Basel 2015, S. 104.
22.02. d) Jörg Zink, Hans-Jürgen Hufeisen: Wie wir feiern können (S. 40), Ich traue Gott. Stuttgart: Kreuz Verlag 1992. © Jörg Zink Erben
23.02. c) www.photocase.com
24.02. c) www.photocase.com
25.02. d) Vater, hab Dank..., in: Juliane Seifert (Hg.), Bist du da, Gott? Gebete von und für Teens. © 2017 Neukirchener Verlagsgesellschaft mbH, Neukirchen-Vluyn, S. 80.
26.02. c) © Strube Verlag, München
28.02. c) www.photocase.com

MÄRZ

02.03. c) www.photocase.com
05.03. c) www.photocase.com
06.03. d) Aus: Echtzeit. Neue Gebete für junge Menschen, Stephan Sigg, Verlagsanstalt Tyrolia, Innsbruck, S. 17.
07.03. d) Text: Stefan Weller, 1999. Melodie: Irisches Volkslied, in: Gesangbuch der Evangelisch-methodistischen Kirche, Nr. 392, 2002 Medienwerk der EMK GmbH Stuttgart. Zürich. Wien
09.03. c) www.photocase.com
10.03. d) Komm und ruh dich aus. Text & Melodie: Johannes Falk © 2008 SCM Hänssler, Holzgerlingen
11.03. c) Susanne Niemeyer, Siehst du mich, S. 49 © 2021 Verlag Herder GmbH, Freiburg i. Br.
12.03. c) Aus: Sinn-volle Geschichten 3. 99 Weisheiten, Erzählungen und Zitate, die berühren und inspirieren, Gisela Rieger, ZIEL-Verlag, S. 48.
13.03. d) Aus Eva Busch, Gib mir die Gelassenheit ... die Dinge hinzunehmen, Brunnen Verlag GmbH, Gießen, 2. Aufl. 2007. www.brunnenverlag.de
14.03. c) www.istock.com
16.03. d) Aus: Israel-Gedenken im evangelischen Gottesdienst, hrsg. vom Kirchenamt der EKD und vom Lutherischen Kirchenamt der VELKD, Hannover 1993, S. 51
17.03. c) www.photocase.com
18.03. c) www.istock.com
19.03. c) www.photocase.com
22.03. c) www.istock.com
23.03. c) www.photocase.com
26.03. c) Aus: Andreas Knapp, noch knapper. 99 Miniaturen über Gott, Welt und Mensch. © Echter Verlag Würzburg, 2021, S. 76.
27.03. d) © Let's pray: Das Jugendgebetbuch, ISBN 9783746246888, St. Benno Verlag GmbH, Leipzig, www.vivat.de
28.03. c) www.istock.com
29.03. c) www.istock.com

APRIL

01.04. c) www.photocase.com
01.04. d) Treu. Text und Musik: Tobias Gerster © 1999 Gerth Medien, Asslar
03.04. c) www.photocase.com
04.04. d) Text: Diethard Zils, 1. Strophe, © Gustav Bosse Verlag / Bärenreiter-Verlag Karl Vötterle GmbH & Co. KG, Kassel
07.04. d) Aus: Jugend & Gott. Gedanken und Gebete, Hg. von Alfonso Pereia und Georg Schwikart © 2012 Butzon & Bercker GmbH, Kevelaer, www.bube.de
08.04. c) www.istock.com
08.04. d) WGT 1994 Palästina. Renate Schiller, © Weltgebetstag der Frauen - Deutsches Komitee e.V.
09.04. c) Aus: Lichtblick. Texte für mittelgute Tage, Susanne Niemeyer, ©2021 by edition chrismon, Evangelische Verlagsanstalt, Leipzig, S. 107.
10.04. c) © Thomas Plaßmann, www.thomasplassmann.de
11.04. d) Lebenssonne. Text und Musik: Lothar Kosse © 2016 GLORIA - Sing ein neues Lied adm. by Gerth Medien, Asslar
13.04. c) Aus: StehaufMensch! – Aufstellbuch. 52 Vitamine für die Seele, 08/2020 adeo. © 2020 adeo Verlag in der SCM Verlagsgruppe GmbH, www.adeo-verlag.de
15.04. d) Hélder Câmara: Haben ohne festzuhalten – Texte für eine bessere Welt © 2009 Pendo Verlag in der Piper Verlag GmbH, München; Zürich
17.04. d) Text: Eugen Eckert © Lahn-Verlag in der Butzon & Bercker GmbH, Kevelaer, www.lahn-verlag.de
18.04. d) Herr ich komme zu dir. Text & Melodie: Albert Frey © 1992 SCM Hänssler, Holzgerlingen für Immanuel Music, Ravensburg

19.04. d) Katja Süß: Gott, du Quelle des Lebens. S. 252. Aus: Jeden Augenblick segnen. © 2016 Verlag am Eschbach in der Verlagsgruppe Patmos der Schwabenverlag AG, www.verlag-am-eschbach.de
20.04. c) www.istock.com
23.04. c) Aus: andere zeiten – Das Magazin zum Kirchenjahr, Heft 1/2022, Hamburg, Andere Zeiten e.V., www.anderezeiten.de
24.04. c) www.istock.com
24.04. d) © Hans-Joachim Eckstein, Wertschätzungen, ²2022, S. 639
25.04. d) Sein Licht. Text: Christoph Zehendner. Musik: Manfred Staiger © 2015 Auf den Punkt, Siegen
27.04. d) © Gebete für jeden Tag des Lebens, ISBN 9783746252001, St. Benno Verlag GmbH, Leipzig, www.vivat.de
30.04. c) © Thomas Plaßmann, www.thomasplassmann.de

MAI

01.05. c) www.photocase.com
04.05. c) www.photocase.com
05.05. d) In Gottes Arme. Text & Melodie: Sam Samba © 2017 SCM Hänssler, Holzgerlingen
06.05. c) www.photocase.com
08.05. c) Aus: Trotzkraft, Christina Brudereck, © 2021 2Flügel Verlag, Essen, Auszug aus Text 90.
12.05. c) Aus: Lichtblick. Texte für mittelgute Tage, Susanne Niemeyer, ©2021 by edition chrismon, Evangelische Verlagsanstalt, Leipzig, S. 111.
13.05. c) Aus: Strandnotizen – Schreibbuch, Udo Schroeter, 2017, adeo-Verlag. © 2017 adeo Verlag in der SCM Verlagsgruppe GmbH, www.adeo-verlag.de
14.05. c) www.istock.com
15.05. c) www.istock.com
15.05. d) © Verlag Herder, Freiburg
16.05. d) In: Ökumenisches Friedensgebet 2010, Gebet: Erzbischof Ignatius Kaigama (Nigeria), Evangelisches Missionswerk in Deutschland, Hamburg und missio – Internationales Katholisches Missionswerk, Aachen
17.05. c) © Rechtsnachfolge Autor
19.05. d) In: Ökumenisches Friedensgebet 2018, Gebet: Abba Petros Berga (Äthiopien), Evangelisches Missionswerk in Deutschland, Hamburg und missio – Internationales Katholisches Missionswerk, Aachen

20.05. c) www.istock.com
22.05. d) Pierre Stutz: Gesegnet bist du vor all deinem Tun. S. 66. Aus: Jeden Augenblick segnen ©2016 Verlag am Eschbach in der Verlagsgruppe Patmos der Schwabenverlag AG, www.verlag-am-eschbach.de
23.05. c) www.photocase.com
24.05. d) Aus: Fit für Gott. Gebete und Texte junger Christen, Marcus Leitschuh, Pattloch Verlag, Augsburg 1998, S. 75.
26.05. d) Wir strecken uns nach dir. Text: Friedrich Karl Barth. Musik: Peter Janssens. Aus: Wir fassen uns ein Herz, 1985. Alle Rechte im Peter Janssens Musik Verlag, Telgte-Westfalen
30.05. c) Aus: Glauben heißt Leben. Aphorismen & Zitate, Hg. von Hans-Horst Skupy, Evangelischer Verlagsanstalt, Leipzig 2017, S. 74.
31.05. c) www.istock.com
31.05. d) Bernhard Sill (Hrsg), Beten © Verlag Katholisches Bibelwerk GmbH, Stuttgart 2018

JUNI

01.06. c) © beim Autor
02.06. c) Aus: Sinn-volle Geschichten 2. 88 Weisheiten, Erzählungen und Zitate, die berühren und inspirieren, Gisela Rieger, ZIEL-Verlag, S. 50.
05.06. c) www.istock.com
06.06. c) Aus: Fit für Gott. Gebete und Texte junger Christen, Marcus Leitschuh, Pattloch Verlag, Augsburg 1998, S. 28.
07.06. c) www.istock.com
09.06. c) www.istock.com
11.06. c) Susanne Niemeyer, Siehst du mich, S.65 © 2021 Verlag Herder GmbH, Freiburg i. Br.
12.06. c) »Wer a sagt, der muß nicht b sagen. Er kann auch erkennen, daß a falsch war.«, aus: Bertolt Brecht, Der Neinsager, in: ders., Werke. Große kommentierte Berliner und Frankfurter Ausgabe, Band 3: Stücke 3. © Bertolt-Brecht-Erben / Suhrkamp Verlag 1988.
13.06. c) «Zähl nicht die Schafe, sondern sprich mit dem Hirten!«, 365 inspirierende Zitate und Sprüche, Zitat von Anita Roddickaus, S. 19. Hsg. Bernd Becker und Hans Möhler, © Luther-Verlag, Bielefeld 2017

14.06. d) Antje Sabine Naegeli: Wie das Meer den Glanz der Sonne widerspiegelt. S. 42. Aus: Jeden Augenblick segnen ©2016 Verlag am Eschbach in der Verlagsgruppe Patmos der Schwabenverlag AG, www.verlag-am-eschbach.de
15.06. d) Befreit durch deine Gnade. Text: Juliane Eva Eberwein & Claus-Peter Eberwein. Melodie: Claus-Peter Eberwein © 2009 Gracetown Publishing bei SCM Hänssler, Holzgerlingen
16.06. c) www.photocase.com
17.06. c) Aus: Fit für Gott. Gebete und Texte junger Christen, Marcus Leitschuh, Pattloch Verlag, Augsburg 1998, S. 91.
18.06. c) aus: Andreas Knapp, noch knapper. 99 Miniaturen über Gott, Welt und Mensch. © Echter Verlag Würzburg, 2021, S. 32.
22.06. c) Text: Clemens Bittlinger, www.Sanna-Sound.de
24.06. c) www.istock.com
28.06. d) Hanna Hümmer, Lass leuchten mit dein Angesicht – Gebete, © Christusbruderschaft Selbitz, Buch- & Kunstverlag, 5. Auflage 2020, S.100, www.verlag-christusbruderschaft.de
29.06. c) www.photocase.com
30.06. c) Konstantin Wecker im Gespräch mit Matthias Dembski, Bremer Kirchenzeitung, Juni 2014.

JULI

01.07. c) Aus: Lichtblick. Texte für mittelgute Tage, Susanne Niemeyer, © 2021 by edition chrismos in der Evanwgelischen Verlagsanstalt, S. 79.
04.07. c) www.photocase.com
05.07. d) Text und Melodie: Lothar Kosse 1998 © Praize Republic, Köln.
08.07. c) www.photocase.com
09.07. c) www.photocase.com
11.07. c) Susanne Niemeyer, Schau hin, S. 14, © 2021 Verlag Herder GmbH, Freiburg i. Br.
12.07. c) Aus: Hans-Joachim Eckstein, Viel Himmel auf Erden, Witten 2013, © beim Autor.
14.07. c) www.photocase.com
16.07. c) © beim Autor
17.07. c) © Thomas Plaßmann, www.thomasplassmann.de
18.07. c) Axel Kühner, Schauen und Staunen, in: ders., Lauter gute Lebensworte. Kleine Geschichten für fröhliche Christen. © 2020 Neukirchener Verlagsgesellschaft mbH, Neukirchen-Vluyn, 2. Auflage 2021, S. 17.
20.07. c) www.istock.com
23.07. c) © 1955 und 2011 Karl Rauch Verlag, Düsseldorf (Flug nach Arras)
24.07. d) GOTT, DEIN GUTER SEGEN. Aus »Meine schönsten Kirchenlieder«. Text: Reinhard Bäcker © Menschenkinder Verlag und Vertrieb GmbH, Münster c/o Melodie der Welt GmbH & Co. KG, Frankfurt am Main
25.07. c) www.istock.com
25.07. d) Morgenstern. Text und Musik: Albert Frey © 2006 FREYKLANG adm. by Gerth Medien, Asslar
26.07. c) www.photocase.com
26.07. d) Echt sein. Text: Marion Groß & Carsten Groß. Melodie: Carsten Groß © 1998 SCM Hänssler, Holzgerlingen
27.07. d) © Carus-Verlag, Stuttgart
28.07. c) www.istock.com
29.07. d) Aus: Echtzeit. Neue Gebete für junge Menschen, Stephan Sigg, 3. Auflage 2015, Verlagsanstalt Tyrolia Innsbruck, S. 80.

AUGUST

01.08. c) www.istock.com
02.08. c) www.photocase.com
06.08. c) www.photocase.com
10.08. c) www.photocase.com
11.08. c) www.istock.com
13.08. d) Aus: Tina Willms, Momente, die dem Himmel gehören. Gedanken, Gedichte und Gebete für jeden Tag, S. 18, Neukirchener Verlagsgesellschaft 2021, S. 18, Rechte bei der Autorin.
14.08. d) Arbeitshilfe Verfolgte Christen. Herausgeber: Arbeitsgemeinschaft Christlicher Kirchen in Deutschland / Ökumenische Centrale, Frankfurt am Main, S. 5–6
15.08. d) Hanns Dieter Hüsch: Sei gut gehütet (Auszug) aus: Hanns Dieter Hüsch/Michael Blum Das kleine Buch zum Segen, Seite 26f, 2018/15 © tvd-Verlag Düsseldorf, 1998

16.08. c) Aus: Rolle vorwärts. Das Leben geht weiter, als man denkt, Samuel Koch, 2015, adeo Verlag, S. 15. © 2015 adeo Verlag in der SCM Verlagsgruppe GmbH, www.adeo-verlag.de
17.08. d) © Gebete für jeden Tag des Lebens, ISBN 9783746252001, St. Benno Verlag GmbH, Leipzig, www.vivat.de
18.08. c) Aus: Dorothee Sölle, Auszug aus dem Gedicht »Minderheiten«, in: dies.: Loben ohne lügen, Gedichte, S. 14, © Wolfgang Fietkau Verlag 2000.
19.08. c) www.istock.com
20.08. c) www.istock.com
20.08. d) © bei der Autorin
21.08. c) Aus: Jugend & Gott. Gedanken und Gebete, Hg. von Alfonso Pereia und Georg Schwikart © 2012 Butzon & Bercker GmbH, Kevelaer, www.bube.de
22.08. c) www.photocase.com
23.08. c) Aus: Echtzeit. Neue Gebete für junge Menschen, Stephan Sigg, 3. Auflage 2015, Verlagsanstalt Tyrolia Innsbruck, S. 82.
24.08. c) aus: Andreas Knapp, noch knapper. 99 Miniaturen über Gott, Welt und Mensch. © Echter Verlag Würzburg, 2021, S. 77.
25.08. c) Aus: Von wegen. Ein Begleiter fürs Pilgern, Wandern, Leben, Tobias Petzoldt, ©2021 by edition chrismon in der Evangelischen Verlagsanstalt, Leipzig, S. 29.
26.08. c) Aus: Begleittext, Mustervortrag »Satt ist nicht genug«, Hg. von Brot für die Welt – Evangelischer Entwicklungsdienst.
27.08. d) Jesus zu dir kann ich so kommen wie ich bin. Text: Manfred Siebald. Melodie: Johannes Nitsch © 1989 SCM Hänssler, Holzgerlingen
28.08. d) © Evangelische Brüder-Unität
29.08. d) Margot Käßmann (Hg.), In Gottes Hand gehalten. Verlag Herder GmbH Freiburg 3. Auflage 2011, S. 200 (Ausschnitt) © bei der Autorin
31.08. c) www.istock.com

SEPTEMBER

02.09. c) www.photocase.com
04.09. c) ganz bei Trost. Text: Christoph Zehendner. Musik: Manfred Staiger © 2015 Auf den Punkt, Siegen
05.09. c) www.photocase.com
07.09. c) www.istock.com
08.09. c) Aus: Dorothee Sölle, Gegenwind. Erinnerungen. 4. Auflage, Hamburg 2002, S. 229. Alle Rechte bei Fulbert Steffensky
11.09. d) Mit allem, was ich bin. Text und Musik: Ben Lütke © 2010 Glaubenszentrum Music adm. by Gerth Medien, Asslar
12.09. c) www.istock.com
13.09. d) © Gebet der Gemeinschaft Chemin Neuf nach Worten von Paul Couturier. Gemeinschaft Chemin Neuf e.V., Fehrbelliner Straße 99, 10119 Berlin. www.chemin-neuf.de
15.09. c) Aus: Andreas Knapp, noch knapper. 99 Miniaturen über Gott, Welt und Mensch. © Echter Verlag Würzburg, 2021, S. 95.
15.09. d) Aus: Arno Pötzsch, Im Licht der Ewigkeit. Geistliche Lieder und Gedichte. Gesamtausgabe. Hrsg. v. Marion Heide-Münnich, Leinfelden-Echterdingen: Verlag Junge Gemeinde (2022³).
16.09. c) www.photocase.com
17.09. d) © Rechtsnachfolge Fritz Woike
18.09. d) Aus: Youcat. Jugendgebetsbuch, Georg v. Lengerke/Dörte Schrömges (Hg.), Pattloch 2011, S. 117. Mit freundlicher Genehmigung von Verlagsgruppe Droemer Knaur GmbH & Co. KG
20.09. c) Aus: Hans-Joachim Eckstein, Viel Himmel auf Erden, Witten 2013, © beim Autor.
20.09. d) © Strube Verlag, München
21.09. c) www.photocase.com
22.09. c) www.fotolia.de
23.09. c) Aus: Andreas Knapp, noch knapper. 99 Miniaturen über Gott, Welt und Mensch. © Echter Verlag Würzburg, 2021, S. 82.
24.09. c) © Thomas Plaßmann, www.thomasplassmann.de
26.09. d) Lieber Gott, ich danke dir …, in: Juliane Seifert (Hg.), Bist du da, Gott? Gebete von und für Teens. © 2017 Neukirchener Verlagsgesellschaft mbH, Neukirchen-Vluyn, S. 40.
27.09. c) www.istock.com
27.09. d) Deine Hände, großer Gott. Aus: Mosaik 57. Musik: Zipp, Friedrich. Text: Fries, Margareta © Fidula-Verlag Holzmeister GmbH, Koblenz, www.fidula.de
29.09. c) Aus: Chrismon. Das Evangelische Magazin, 14.05.2006, Fulbert Steffensky, Mission ist gewaltlose Werbung für die Schönheit eines Lebenskonzepts
30.09. c) www.photocase.com

OKTOBER

01.10. c) Aus: Tina Willms, Wo das Leben entspringt, Neukirchener Verlagsgesellschaft 2017, S. 59, Rechte bei der Autorin
04.10. c) www.istock.com
04.10. d) Aus: Im schlimmsten Fall geht alles gut. Vertrauen in 52 kleinen Dosen, Titus Reinmuth, 2021, adeo-Verlag. © 2021adeo Verlag in der SCM Verlagsgruppe GmbH, www.adeo-verlag.de
05.10. d) Katharina Schridde, Du bist gesegnet, © 2010 Verlag Herder GmbH, Freiburg i. Br.
06.10. c) Ich sage Ja. Text und Musik: Okko Herlyn. Alle Rechte im tvd-Verlag Düsseldorf, 2011
07.10. c) www.photocase.com
09.10. c) VEM-Journal 2|2021, Seite 24
12.10. c) Bronnie Ware, 5 Dinge, die Sterbende am meisten bereuen. Einsichten, die Ihr Leben verändern werden © 2013 Arkana Verlag, München, in der Penguin Random House Verlagsgruppe GmbH. Übersetzung: Wibke Kuhn
14.10. c) www.photocase.com
14.10. d) Das glaube ich. Originaltitel: This I Believe (The Creed). Text & Melodie: Ben Fielding & Matt Crocker. Dt. Text: Dennis Strehl & Martin Bruch © 2014 Hillsong Music Publishing Australia. Für D, A, CH: CopyCare Deutschland, Holzgerlingen
15.10. d) © Evangelischer Sängerbund e.V., Wuppertal
17.10. c) Susanne Niemeyer, Schau hin, S. 83 © 2021 Verlag Herder GmbH, Freiburg i. Br.
21.10. c) www.istock.com
23.10. d) © Evangelische Brüder-Unität
24.10. d) Aus: Feiert Jesus 5, Text: Martin und Jennifer Pepper / Melodie: Martin Pepper, Rechte: mc-peppersongs, Berlin 2014.
25.10. c) www.photocase.com
26.10. d) Aus: Herztöne. Das kleine Buch, S. 12, 08/2018, adeo Verlag. © 2018 adeo Verlag in der SCM Verlagsgruppe GmbH, www.adeo-verlag.de
27.10. c) www.istock.com
28.10. d) © Ateliers et Presses de Taizé, 71250 Taizé, Frankreich
30.10. c) Alle Autorenrechte liegen bei der Katholischen Akademie in Bayern. Romano Guardini, Der Herr. Betrachtungen über die Person und das Leben Jesu Christi. 21. Auflage 2021, S. 314. Verlagsgemeinschaft Matthias Grünewald, Ostfildern/BRILL|Ferdinand Schöningh, Paderborn
30.10. d) Aus: Messbuch 2011, © 2010 Butzon & Bercker GmbH, Kevelaer, S. 185, www.bube.de
31.10. c) www.istock.com

NOVEMBER

01.11. d) © Evangelische Brüder-Unität
03.11. c) www.istock.com
07.11. c) © Thomas Plaßmann, www.thomasplassmann.de
10.11. c) Aus: Glauben heißt Leben. Aphorismen & Zitate, Hg. von Hans-Horst Skupy, Evangelischer Verlagsanstalt, Leipzig 2017, S. 58.
11.11. c) Aus: Lichtblick. Texte für mittelgute Tage, ©2021 by edition chrismon in der Evangelischen Verlagsanstalt, S. 67.
12.11. c) www.photocase.com
12.11. d) © Erlanger Verlag für Mission und Ökumene, Neuendettelsau
13.11. d) © Strube Verlag, München
15.11. c) www.photocase.com
16.11. d) Wohin sonst. Text und Musik: Thea Eichholz © 2000 Gerth Medien, Asslar
17.11. d) Das Geheimnis. Text & Melodie: Albert Frey © 2014 SCM Hänssler, Holzgerlingen
19.11. d) Aus: LOBEN – Lieder der Hoffnung, Nr. 192, Text: Wilfried Kilp, Melodie und Satz: Dietrich Georg, CLV 2007.
20.11. c) © Strube Verlag, München
21.11. c) www.photocase.com
21.11. d) Hanns Dieter Hüsch: Mein Psalm zum Segen (Auszug), aus: Hanns Dieter Hüsch/Michael Blum Das kleine Buch zum Segen, Seite 40, 2018/15 © tvd-Verlag Düsseldorf, 1998
23.11. c) Ich sag Ja zu dir. Text & Melodie: Sefora Nelson & Arne Kopfermann © 2017 SCM Hänssler, Holzgerlingen
24.11. c) © Mohr Siebeck, Tübingen
26.11. d) Käte Walter: Jubiliere, singe, klinge. Das Käte-Walter-Liederbuch, © 1992 SCM Johannis in der SCM Verlagsgruppe GmbH, D-71088 Holzgerlingen (www.scm-haenssler.de).
29.11. d) Susanne Niemeyer, Siehst du mich, S. 37 © 2021 Verlag Herder GmbH, Freiburg i. Br.

DEZEMBER

02.12. c) www.istock.com
03.12. d) © Verlag Herder, Freiburg
05.12. c) Kommt atmet auf. Text & Melodie: Peter Strauch © 1992 SCM Hänssler, Holzgerlingen
06.12. c) Aus: Lichtblick. Texte für mittelgute Tage, ©2021 by edition chrismon in der Evangelischen Verlagsanstalt, S. 21.
07.12. c) Aus: Hans-Joachim Eckstein, Hoffnungsfroh, Kurz & Gott, Asslar 2020, © beim Autor
08.12. c) www.istock.com
09.12. c) Aus: Andreas Knapp, noch knapper. 99 Miniaturen über Gott, Welt und Mensch. © Echter Verlag Würzburg, 2021.
11.12. c) Aus: Jugend & Gott. Gedanken und Gebete, Hg. von Alfonso Pereia und Georg Schwikart © 2012 Butzon & Bercker GmbH, Kevelaer, www.bube.de
12.12. c) www.photocase.com
12.12. d) Anselm Grün © Vier-Türme GmbH, Verlag, Münsterschwarzach/Abtei Münsterschwarzach
16.12. c) www.photocase.com
17.12. c) www.photocase.com
18.12. c) www.photocase.com
19.12. c) Aus Nick Vujicic, Mein Leben ohne Limits, Brunnen Verlag GmbH, Gießen, 17. Aufl. 2021. www.brunnen-verlag.de
19.12. d) © Gunter Lange
20.12. c) © Thomas Plaßmann, www.thomasplassmann.de
21.12. c) © Rechtsnachfolge Klaus Peter Hertzsch
22.12. c) © Thomas Plaßmann, www.thomasplassmann.de
23.12. d) Anselm Grün © Vier-Türme GmbH, Verlag, Münsterschwarzach / Abtei Münsterschwarzach
26.12. d) Immanuel. Text & Melodie: Tobi Wörner. © 2012 SCM Hänssler, Holzgerlingen
28.12. c) www.photocase.com
29.12. c) © 1956 und 2010 Karl Rauch Verlag, Düsseldorf (Bekenntnis einer Freundschaft)
29.12. d) Befreit durch deine Gnade. Text: Juliane Eva Eberwein & Claus-Peter Eberwein. Melodie: Claus-Peter Eberwein © 2009 Gracetown Publishing bei SCM Hänssler, Holzgerlingen
31.12. d) © Gebete für jeden Tag des Lebens, ISBN 9783746252001, St. Benno Verlag GmbH, Leipzig, www.vivat.de

Wir danken den Verlagen und Autor*innen für die freundliche Abdruckgenehmigung der Texte. In einzelnen Fällen konnten die Rechteinhaber*innen nicht ermittelt werden. Wir bitten um Hinweise an den Verlag, mögliche Honoraransprüche werden gerne abgegolten.

Alle übrigen Texte: Redaktionsteam der Losungen für junge Leute.
Redaktionsleitung: Elisabeth Heckmeier